PASSAGIERE UND BESATZUNG DER TITANIC

Francesco • Chaffee, Carrie Toogood • Chaffee, Herbert Fuller • Chambers, Bertha Griggs • Chambers, Norman Camp [illegible] pman, Charles H. • Chapman, J. • Chapman, John Henry • Chapman, Sarah Elizabeth Lawry • Charboisson, Adrian • Charma [illegible] errett, William • Cherry, Gladys • Cheverton, W. F. • Chevre, Paul Romaine • Chibnall, Edith Martha Bowerman Barber • C [illegible] bert • Chisnall, George Alexander • Chitty, G. • Chorley, J. • Christmann, Emil • Christmas, H. • Christy, Alice Frances • Chri [illegible] olos • Chronopoulos, Demetrios • Clark, Virginia McDowell • Clark, Walter Miller • Clark, William • Clarke, Ada Maria Win [illegible] larke, John Frederick Preston • Clark, Thomas • Cleaver, Alice Mary • Clench, Frederick • Clench, George • Clifford, G[illegible] Quincy • Coe, Harry • Coelho, Domingos Fernandes • Cohen, Gershun (Gus) • Colbert, Patrick • Coleff, Fotio • Coleff, Peyo • Coleman, Albert Edward • Coleman, John • Coleridge, Reginald Charles • Colgan, Joseph • Collander, Erik • Collett, Sidney C. Stuart • Colley, Edward Pomeroy • Collins, John • Collins, Samuel • Collyer, Charlotte Annie Tate • Collyer, Harvey • Collyer, Marjorie Lottie • Compton, Alexander Taylor Jr. • Compton, Mary Eliza Ingersoll • Compton, Sara Rebecca • Conlin, Thomas Henry • Connaghton, Michael • Conner, J. • Connolly, Kate • Connolly, Kate • Connors, Patrick • Conway, P. W. • Cook, C. • Cook, George • Cook, Jacob • Cook, Selena Rogers • Coombes, C. • Coombes, George • Cooper, Harry • Cooper, James • Copperthwaite, B. • Cor, Bartol • Cor, Ivan • Cor, Ludovik • Corben, Ernest Theodore • Corbett, Irene Colvin • Corcoran, Dennis • Corey, Mary Phyllis Elizabeth Miller • Corn, Harry • Cornaire, Morel • Cornell, Malvina Helen Lamson • Cotterill, Harry • Cotton, A. • Couch, Frank • Couch, J. • Couper, R. • Coutin, Augusto • Coutts, Minnie • Coutts, Neville • Coutts, William Leslie • Cox, William Denton • Coxon, Daniel • Coy, Francis Edward George • Crabb, H. • Crafter, F. • Crafton, John Bertram • Crawford, Alfred • Crease, Ernest James • Creese, Henry Philip • Cribb, John Hatfield • Cribb, Laura Mary • Crimmins, John • Crisp, Albert Hector • Crispin, William • Crosbie, J. Bertram • Crosby, Capt. Edward Gifford • Crosby, Catherine Elizabeth Halstead • Crosby, Harriet R. • Cross, W. • Crovella, Louis • Crowe, George Frederick • Crumplin, Charles • Cullen, Charles • Cumings, Florence Briggs Thayer • Cumings, John Bradley • Cunningham, Alfred Fleming • Cunningham, Andrew • Cunningham, B. • Curtis, A. • Curtis, Arthur • Daher, Tannous • Dahl, Karl (Charles) Edward • Dahlberg, Gerda Ulrika • Dakic, Branko • Daly, Eugene • Daly, Marcella • Daly, Peter Denis • Danbom, Anna Sigrid Maria Brogren • Danbom, Ernst Gilbert • Danbom, Gilbert Sigvard Emanuel • Daniel, Robert Williams • Daniels, Sarah • Daniels, Sidney Albert • Danoff, Yoto • Dantchoff, Khristo • Dashwood, William G. • Davidson, Orian Hays • Davidson, Thornton • Davies, Alfred J. • Davies, Charles Henry • Davies, Evan • Davies, Gordon Raleigh • Davies, John Samuel • Davies, John James • Davies, Joseph • Davies, Robert J. • Davies, Thomas • Davis, Agnes Mary Friggens • Davis, John Morgan • Davis, Mary • Davis, Stephen J. • Davison, Mary E. Finck • Davison, Thomas Henry • Dawson, James • de Brito, Jose Joaquim • De Messemaeker, Anna • De Messemaeker, William Joseph • De Mulder, Theodore • De Pelsmaeker, Alphonse • Deacon, Percy William • Dean, Bertram Frank • Dean, Bertram Vere • Dean, Elizabeth Gladys Millvina • Dean, Eva Georgetta Light • Dean, George H. • DeBreucq, Maurice Emil • Deeble, Alfred Arnold • del Carlo, Argene Genovesi • del Carlo, Sebastiano • Delalic, Regyo • Denarcissio, Giovanni • Denbuoy, Herbert • Dennis, Samuel • Dennis, William • Derrett, A. • Deslands, Percy • Desvernine, Louis • Devaney, Margaret • deVilliers, Berthe Antonine (Mayne) • Dewan, Frank • Diaper, J. • Dibden, William • Dibo, Elias • Dick, Albert Adrian • Dick,Vera Gillespie • Dickson, W. • Dilley, John • Dillon, Thomas Patrick • DiMartino, Giovanni • Dimic, Jovan • Dinenage, James K. • Dintcheff, Valtcho • Dobbin, James* • Dodd, Edward Charles • Dodd, George Charles • Dodds, Renney Watson • Dodge, Dr. Washington • Dodge, Ruth Vidaver • Dodge, Washington • Doel, Frederick • Dolby, Joseph • Doling, Ada Julia • Doling, Elsie • Donati, Italo • Donoghue, T. • Dooley, Patrick • Dore, A. • Dorkings, Edward Arthur • Dornier, Louis • Doughty, N. • Douglas, Mahala Dutton • Douglas, Mary-Helene "Suzette" Baxter • Douglas, Walter Donald • Douton, William Joseph • Dowdell, Elizabeth • Doyle, Elizabeth • Doyle, L. • Drapkin, Jenie • Drazonovic, Josef • Drew, James Vivian • Drew, Lulu Thorne Christian • Drew, Marshall Brines • Driscoll, Bridget • Duffy, William Luke • Dulles, William Crothers • Dunford, W. • Duquemin, Joseph • Duran y More, Asuncion • Duran y More, Florentina • Dyer, Henry Ryland • Dyer, William • Dyker, Adolf Fredrik • Dyker, Anna Elizabeth Judith Andersson • Dymond, John • Eagle, A. J. • Earnshaw, Olive Potter • Eastman, Charles • Econovic, Joso • Edbrooke, F. • Ede, George B. • Edge, Frederick William • Edvardsson, Gustaf Hjalmar • Edwards, C. • Egg, W. H. • Eitemiller, George Floyd • Eklund, Hans Linus • Ekstrom, Johan • Elias, Elias • Elias, John • Elias, Joseph • Elliott, Everett Edward • Ellis, J. R. • Elsbury, William James • Emanuel, Virginia Ethel • Enander, Ingvar • Endres, Caroline Louise • Ennis, Walter • Ervine, Albert George • Etches, Henry Samuel • Eustis, Elizabeth Mussey • Evans, Alfred Frank • Evans, Edith Corse • Evans, Frank Oliver • Evans, George • Evans, George • Evans, W. • Everett, Thomas James • Fahlstrom, Arne Jonas • Fairall, H. • Farenden, Ernest • Farquharson, William Edward • Farrell, James • Farthing, John • Faulkner, William Stephen • Faunthorpe, Harry • Faunthorpe, Mrs. Harry (in reality, Mrs. Elizabeth A. Wilkinson) • Fay, Thomas Joseph • Fellows, J. Alfred • Feltham, George • Fenton, Thomas • Ferrary, Anton • Fey, Carlo • Fillbrook, Charles J. • Finch, Harry • Finoli, Luigi • Fischer, Eberhard Telander • Fitzpatrick, Charles William N. • Fitzpatrick, HughJ • Flarty, E. • Fleet, Frederick • Flegenheim, Antoinette • Fleming, Margaret • Fletcher, Peter W. • Flynn, James • Flynn, John Irving • Flynn, John • Foley, Jack • Foley, Joseph • Foley, W. C. • Foley, William • Foo, Choong • Ford, Arthur • Ford, Doolina Margaret (Daisy) • Ford, Ernest Watson • Ford, Ernest • Ford, F. • Ford, H. • Ford, Margaret Ann Watson • Ford, Robina Maggie (Ruby) • Ford, Thomas • Ford, William Neal • Foreman, Benjamin Laventall • Fortune, Alice Elizabeth • Fortune, Charles Alexander • Fortune, Ethel Flora • Fortune, Mabel • Fortune, Mark • Fortune, Mary McDougald • Forward, J. • Foster, A. • Fox, Patrick • Fox, Stanley Hubert • Fox, William Thomas • Francatelli, Laura Mabel • Franklin, Alan Vincent • Franklin, Charles (in reality, Charles Fardon) • Franklin, Thomas Parnham • Fraser, J. • Fraser, James • Frauenthal, Clara Heinsheimer • Frauenthal, Dr. Henry William • Frauenthal, Isaac Gerald • Fredericks, W. • Freeman, Ernest Edward Samuel • Frolicher, Hedwig Marguerite • Frolicher-Stehli, Margrit Emerentia Stehli • Frolicher-Stehli, Maxmillian Josef • Frost, Anthony W. • Fry, John Richard • Fryer, A. • Funk, Annie Clemmer • Futrelle, Jacques • Futrelle, May Peel • Fynney, Joseph J. • Gale, Harry • Gale, Shadrach • Gallagher, Martin • Gallop, F. • Gardener, F. • Garfirth, John • Garside, Ethel • Gaskell, Alfred • Gatti, Luigi Gaspare • Gavey, Lawrence • Geddes,

TITANIC

IFREMER

Susan Wels

TITANIC

SCHICKSAL & VERMÄCHTNIS DES OZEANRIESEN

Bechtermünz Verlag

Danksagung

Ich danke allen, die mir mit Rat und Tat zur Seite standen, während ich an diesem Buch arbeitete. Mein besonderer Dank gilt meinem Vater, Richard H. Wels, der im Jahr nach dem Untergang der Titanic geboren wurde und mich in vielerlei Hinsicht zu diesem Buch inspirierte. Sehr viel verdanke ich auch Allan Carlin, einem guten Freund, der dieses Projekt mit Visionen, Ausdauer und viel Optimismus begleitet hat. Mit Tom Lewis, Chris Capen, Andy Lewis, Nancy Cash, Laura Georgakakos und allen anderen vom Tehabi-Team zu arbeiten war eine Freude, wie immer. George Tulloch, Matt Tulloch, Jack Eaton und Charlie Haas leisteten unschätzbare Hilfe und stellten mir ihre Zeit und ihr Wissen großzügig zur Verfügung. Ich bedanke mich vor allem auch bei Elizabeth Perle McKenna, David Cohen und Devyani Kamdar für ihre Hilfe sowie bei Christy Tripp für ihre Unterstützung bei der Recherche. Mein Dank gilt meinem Mann, David Hagerman, und unseren Töchtern Emily und Casey für ihre unerschöpfliche Liebe und Geduld.

Susan Wels - San Francisco, Kalifornien

Originaltitel: Titanic - Legacy of the World´s greatest Ocean Liner

Deutsche Erstausgabe

Bearbeitung und Koordination der deutschen Ausgabe:
Neumann & Nürnberger, Leipzig
Übersetzung: Dr. Beate Herting, Leipzig
Gesamtherstellung: Egedsa S.A. Sabadell
Printed in Spain
ISBN 3-8289-0328-2

Bilderläuterungen vordere Seiten

I. Schiffsglocke II. Ausfahrt aus Belfast III. Auf dem Atlantik IV. Der Rumpf der Titanic touchiert den Eisberg. V. Überlebende in den Rettungsbooten beobachten den Untergang des mächtigen Schiffes. VI. Die Nautilus wird startklar gemacht. VII. Die Nautilus auf dem Weg zum Wrack VIII. Ansicht des Wracks IX. Der Telegraph des Schiffes auf dem Meeresgrund X. Ansicht des Wracks XI. Die Antriebsschraube der Titanic XII. Die Titanic drei Tage vor dem Untergang XIII. Vor dem Rumpf mit seinen Schrauben wirken Menschen wie Zwerge.

INHALT

AUF DEM GRUND DES OZEANS

Eine Teetasse, vielleicht aus dem persönlichen Besitz eines Titanic-Passagiers. Links: Ansicht des Ankers am Rumpf der *Titanic*.

DAS FORSCHUNGSSCHIFF IST auf dem Weg zu der Stelle, an der die *Titanic* in der Nacht vom 14. zum 15. April 1912 unterging. An Bord sind 53 Besatzungsmitglieder, dazu ein halbes Dutzend Wissenschaftler und Unternehmer, Teilnehmer der gemeinsamen amerikanisch-französischen Expedition, deren Ziel es ist, den Lageplatz des Wracks in einer Tiefe von zweieinhalb Meilen zu untersuchen und Gegenstände vom Meeresgrund zu bergen. Die Atmosphäre ist gespannt, wie man es erwarten kann, wenn in solch eine Tiefe getaucht wird, doch da ist auch noch eine andere Art von Spannung, denn hier geht es um die *Titanic*.

Obwohl schon mehr als fünfundachtzig Jahre seit der Katastrophe vergangen sind und nur noch wenige Überlebende jener schrecklichen Nacht unter uns weilen, wird die *Titanic* bis heute als eine Art internationales Denkmal betrachtet, unangreifbar in ihrem chaotischen Arrangement auf dem Grund des Ozeans. Deshalb wird dem prächtigen, unglückseligen Schiff der White Star eine große Ehrfurcht entgegengebracht. Man hat nicht versucht, den gespenstischen Koloß zu bewegen, und Taucher haben in ihrem winzigen, mit Greifarmen und einem Probenehmer versehenen Unterseeboot lediglich freiliegende Gegenstände nach oben gebracht, die ansonsten weiter auf dem Meeresgrund liegen würden.

Seit 1987 hat dieses Team vier Sommer mit der Erkundung der *Titanic* verbracht, denn es wird nicht mehr lange dauern, bis das Wrack nur noch

TITANIC

„Unser Rettungsboot, in dem sich 36 Menschen befanden, wurde zum Meer hinabgelassen. Es herrschte allgemeine Verwirrung. Harte Seemänner, die alle unterschiedliche Kommandos gaben. Kein Offizier an Bord. Da die Seile nur auf einer Seite funktionierten, kam das Rettungsboot in eine solche Schieflage, daß es schien, als würden wir auf halbem Wege umkippen. Schließlich funktionierten alle Seile, und wir kamen dem schwarzen, öligen Wasser immer näher. Das Aufsetzen unseres Rettungsbootes auf diesem schwarzen Meer kam mir wie ein letzter Abschiedsgruß an das Leben vor, und wir machten uns auf – ein winziges Boot auf einem riesigen Meer – und ruderten weg von dem Schiff, das uns fünf Tage lang ein sicheres Zuhause gewesen war. Alle wollten nur das eine: in der Nähe der Titanic *bleiben. Wir fühlten uns alle so viel sicherer in ihrer Nähe. Solch ein Schiff konnte doch nicht sinken. Ich dachte, die Gefahr würde hochgespielt, und wir könnten alle wieder an Bord gehen. Doch die Silhouette dieses großen, guten Schiffes wurde tatsächlich immer kleiner. Um unser Boot herum wurde es dunkel. Licht um Licht verschwand …“*

Elizabeth Shutes, Passagierin der Ersten Klasse

TITANIC

DER NAME WIRD im April 1908 bekanntgegeben. Die ersten Kielblöcke für Nr. 401 – die von den Erbauern verwendete Fabriknummer – werden am 31. März 1909 gelegt. In den folgenden zwei Jahren werden Teile und Ausstattungsstücke aus aller Herren Länder zum mächtigsten Schiff der Welt zusammengefügt: Stahl aus Schottland, Teakholz aus Siam, Stoffe aus Holland; die riesigen Gußteile für Ruder und Heck aus Darlington in der englischen Grafschaft Durham. Aus der ganzen Welt kommen sie in die Werft von Harland & Wolff in Belfast, Ulster – die Teile für ein irisches Schiff, gebaut von irischen Arbeitern.

▲ Dieses kunstvoll gravierte Manschettenknopfetui besteht aus Sterlingsilber, die Innenseite ist mit Stoff ausgelegt. Nachdem es geborgen wurde, entdeckte man darin mehrere Manschettenknöpfe sowie Hut- und Haarnadeln. Links: Die *Titanic* läuft zu ihrer Jungfernfahrt aus.

Seine Stärke und klassische Schönheit sollten die Welt in Erstaunen versetzen. Sein tragisches Schicksal sollte die Welt in Trauer stürzen. Sein Name ... *TITANIC*.

Während die *Titanic* in Southampton liegt und Fracht und Proviant an Bord nimmt, arbeiten Zimmerleute, Maler und Klempner fieberhaft daran, die letzten Kabinen pünktlich zum Auslauftermin fertigzustellen. Unter Deck herrscht indes eine problematische Situation. Auf Grund des Bergarbeiterstreiks gab es für die *Titanic* in Belfast nicht genügend Brennstoff aus einer Hand, deshalb mußte Kohle aus verschiedenen anderen Schiffen in die Bunker des neuen Liners umgeladen werden. Im Bunker Nr. 10, der sich hinten auf der Steuerbordseite von Kesselraum Nr. 6 befindet, kommt es zur Selbstentzündung, und noch bevor das Schiff Belfast verläßt, schwelt die Kohle. Trimmer arbeiten in Schichten rund um die Uhr, um den Brand unter Kontrolle zu halten. Sie schaufeln die oberen Schichten weg, um die darunterliegenden glühenden Kohlen freizulegen. Der Leitende Maschinist Joseph Bell, der in Belfast an Bord gegangen ist, und seine Mannschaft sind sich des Ernstes der Lage bewußt: durch seine tägliche Berichterstattung sowohl in Belfast als auch in Southampton Bell muß auch Kapitän Smith von der Situation erfahren haben. Die Pläne für die Frachtaufnahme und der Auslauftermin werden dennoch nicht verändert. Obwohl der Brand auch nach dem Auslaufen noch schwelt, gibt es keinerlei Aufzeichnungen oder Information der Öffentlichkeit über den Vorfall.

Der 10. April 1912 – ein stürmischer Mittwoch in Southampton, der Wind treibt helle Wolken über den sonnenerleuchteten Himmel. Um 10 Uhr ist die Besatzung angeheuert, und die Rettungsbootübung ist vorüber (die Boote 11 und 15 sind abgesenkt, auf das Wasser gesetzt und wieder hochgezogen worden). Die Inspektion der Heuerlisten und der Sicherheitsausrüstung durch das Board of Trade, die Aufsichtsbehörde, ist abgeschlossen. Die *Titanic* ist bereit für ihre Passagiere.

Jene, die für die Jungfernfahrt an Bord des Liners gehen, repräsentieren einen echten Querschnitt durch die Gesellschaft der Viktorianischen und Edwardianischen Zeit: Aristokrat, Millionär, Adliger; Kaufmann, Lehrer, Künstler; Dienstbote, Arbeiter, Bauer. Die Passagierliste der *Titanic* spiegelt die vielfältige Schichtung der Gesellschaft auf beiden Seiten des Atlantik wider.

Das Schiff verläßt seinen Anlegeplatz in Southampton im Triumphzug, pünktlich um 12.15 Uhr. Doch der Glanz dieser Ausfahrt wird nur wenige Augenblicke nach Verlassen des Docks etwas getrübt, und zwar durch einen nur im letzten Moment verhinderten Zusammenstoß zwischen der *Titanic* und einem in der Nähe ankernden Liniendampfer, der *New York*. Den riesigen Liner aus dieser schwierigen Situation herauszumanövrieren und Fahrt aufzunehmen dauert fast eine Stunde. Und nur noch 95 Stunden wird es dauern, bis das Schiff in die Geschichte eingeht.

Die *Titanic* und ihre Ausstattung sorgen dafür, daß sich alle an Bord wohl und geborgen fühlen. Noch vor gar nicht allzulanger Zeit wäre ein solcher Komfort für Passagiere jeglicher Überfahrtsklasse ein unvorstellbarer Traum gewesen – leise Musik und gedämpftes Licht, auserlesene Gaumenfreuden, offene Decks zum Spazieren und Entspannen.

▲ Für die Jungfernfahrt beluden Arbeiter die *Titanic* mit 5892 Tonnen Kohle. Auf Grund eines Bergarbeiterstreiks mußten zahlreiche andere Liner Kohle zur Verfügung stellen, um die Bunker der *Titanic* zu füllen. Sie verbrannte 690 Tonnen pro Tag. Mehrere tausend Tonnen Kohle liegen verstreut auf dem Meeresgrund.

▲

Die *Olympic* (links) und ihr Schwesterschiff *Titanic* (rechts) auf einer der wenigen gemeinsamen Aufnahmen. Das Foto wurde an den äußeren Ankerplätzen von Harland & Wolff in Belfast, Irland, gemacht. Bei der *Titanic* lief der Innenausbau, und die *Olympic* war in die Werft zurückgekehrt, damit eine Schraube repariert werden konnte.
Unten rechts: Ein geborgener goldener Teleskopstift mit der Gravur „R.L.B. Xmas 1908".

Hoch oben auf der vorderen Steuerbrücke, ungestört von Passagieren oder nicht befugten Besatzungsmitgliedern, wachen der Kapitän der *Titanic*, Edward John Smith, und die mit ihm zusammenarbeitenden sieben Offiziere über die Fahrt des Liners. Sicher ist die Bestimmung und Einhaltung des Kurses ihre wichtigste Aufgabe, doch zu ihren Pflichten gehören auch die Sicherung der Lebensqualität und die Gewährleistung der Sicherheit an Bord. Obwohl alle Offiziere auf Grund ihrer Kompetenz und bisherigen Leistungen im Dienste der Reederei ausgewählt worden sind, liegt die Verantwortung für alle administrativen und navigatorischen Entscheidungen letztlich beim Kapitän des Schiffes.

Während die *Titanic* einen kühnen Steuerbordbogen um die Südspitze Irlands schlägt und in den sanft gewellten Atlantik hinaussteuert, empfindet Kapitän Smith ganz gewiß ein Gefühl des Stolzes, in das sich aber vielleicht auch eine fast unbewußte Besorgnis mischt.

Es ist seine *Pflicht* zu wissen, daß der Schwelbrand im Kesselraum Nr. 6 auch nach dem Auslaufen noch nicht unter Kontrolle ist; es ist seine *Pflicht* zu wissen, daß die Vorrichtungen zur wasserdichten Abtrennung von Teilen des Schiffes sowie die Höhe seiner Schotten nicht ausreichen, um den Liner unter bestimmten Bedingungen über Wasser zu halten; es ist seine *Pflicht* zu wissen, daß für die 2228 Passagiere und Besatzungsmitglieder nur 1178 Plätze in den Rettungsbooten zur Verfügung stehen; es ist seine *Pflicht*, die Warnungen vor Eisfeldern auf seinem Kurs ernstzunehmen, die bald darauf von anderen Schiffen herübergefunkt werden.

Im Endeffekt aber ignorierte E. J. Smith diese Tatsachen oder verdrängte sie zumindest in die hintersten Winkel seines Bewußtseins, wie es vielleicht jeder Kommandant eines Nordatlantik-Liners im Jahre 1912 getan hätte. Smith war dem Schiff und seinen Passagieren verpflichtet, doch viel mehr noch der Gesellschaft, den Besitzern und Managern der White Star Line – für sie wollte er das Schiff, seine Passagiere und seine Fracht unversehrt und pünktlich zum Zielhafen bringen. Indem er die *Titanic* bei hohem Tempo durch die dunkle, mondlose Nacht steuerte, löste Kapitän Smith diese vorrangige Verpflichtung gegenüber der Gesellschaft zumindest zum Teil ein. Doch indem er – wie unbewußt auch immer – die Verpflichtung gegenüber dem Schiff und seinen Passagieren mißachtete, löste er Ereignisse mit katastrophalen Folgen aus.

▲ Nahezu 5000 Objekte wurden aus dem Trümmerfeld der *Titanic* geborgen. Von oben im Uhrzeigersinn: Tresortür aus dem Büro des Zahlmeisters; Leuchter aus einem Raum der Ersten Klasse; ein Fünf-Dollar-Schein; eine versilberte Servierschale, die speziell für die Erste Klasse der *Olympic* und der *Titanic* hergestellt wurde.

Über das, was der tödlichen Begegnung der *Titanic* mit einem Eisberg in der Nacht vom 14. auf den 15. April 1912 folgte, ist viel geschrieben und nachgedacht worden. Taten voller Heroismus und Feigheit, Episoden des Schreckens und der Tragödie, inspirierende

Momente der Selbstaufopferung, über all das haben Chronisten berichtet, und all das wurde ausgiebig diskutiert und interpretiert.

Was daraus deutlich wird, ist paradox: die *Titanic* war einer der dunkelsten Momente in der Geschichte der Seefahrt, gleichzeitig aber auch einer der hellsten. Obwohl der Verlust der *Titanic* bald darauf vom Schrecken des Ersten Weltkrieges überschattet wurde, führte er doch zu entscheidenden Veränderungen in dem Punkt, wie die Menschen sich selbst, ihre Umwelt und ihr Verhältnis zur Natur betrachteten. Die Katastrophe führte auch zur Entwicklung vieler wichtiger Maßnahmen zur Erhöhung der Sicherheit, die heute noch umgesetzt werden und deren Nutzen sich auch in Zukunft erweisen wird.

Heute, viele Jahrzehnte nach ihrem Untergang, sieht es so aus, als könnte auch ein Eindruck von der anmutigen und glorreichen Schönheit der *Titanic* für die Zukunft bewahrt werden. Seit der Entdeckung des Wracks im Jahre 1985 haben verschiedene wissenschaftliche Expeditionen Zeit und Mühe aufgewendet, um Gegenstände vom Meeresboden in der Umgebung des Wracks zu bergen, das in vier Kilometern Tiefe im Nordatlantik liegt. Die von der Bergungscrew mit an Ehrfurcht grenzendem Respekt behandelten Gegenstände werden zunächst an Bord des Expeditionsschiffes stabilisiert und später in ein spezielles Labor in Semur-en-Auxois gebracht, einem französischen Dorf aus dem 13. Jahrhundert, wo die Objekte mit Hilfe jahrhundertealter Techniken, aber auch hochmoderner Verfahren liebevoll und fachgerecht restauriert und somit für die Nachwelt erhalten werden.

Diese Gegenstände öffnen ein Fenster in die Geschichte. Sie erlauben dem Betrachter, hindurchzublicken und die *Titanic*, ihre Menschen und ihre Zeit besser zu verstehen. Jüngste Funde und akribische Forschungen haben es den Wissenschaftlern ermöglicht, sich ein detailliertes Bild vom Wrack zu machen und Erkenntnisse zu gewinnen, die Licht auf die bisher ungelösten Rätsel der Katastrophe, ihrer Ursachen und Wirkungen, werfen.

Ohne die Inspiration und Führungskraft zweier außergewöhnlicher Männer, Paul-Henri Nargeolet und George Tulloch, würde das Erbe der *Titanic* möglicherweise für immer im Meer liegen, statt geschützt und bewahrt zu werden. Mit dem gleichen Enthusiasmus gehen die Taucher, die Besatzung und die Techniker des französischen Forschungsschiffes Nadir und die Mannschaft des Tauchbootes *Nautilus* zu Werke. Diese Männer und Frauen, die fast täglich ihr Leben riskieren, nehmen teil an einem Unternehmen, das Kameradschaft und Forschergeist erfordert und dessen Leistungen seinesgleichen suchen.

Paul-Henri Nargeolet und George Tulloch wissen um die Bürde, die ihnen die Geschichte auferlegt. RMS Titanic Inc. – das Unternehmen, das die Bergungsarbeiten finanzierte, organisierte und überwachte – ist sich der Verantwortung bewußt, die mit der Bewahrung der *Titanic*, ihrer Schönheit und ihrer Geschichte, für kommende Generationen einhergeht.

Der Rumpf der *Titanic* liegt rostend auf dem Meeresgrund. Schon bald, in einer, vielleicht auch zwei Generationen, werden Korrosion und Bakterien ihren Tribut gefordert haben. Das Wrack wird nicht länger existieren. Mythen und Legenden werden an die Stelle von Fakten und Realitäten treten. Doch dank der Träume und der Ausdauer von Menschen unserer Zeit werden wir uns jetzt und immer ein objektives Bild machen können von der Schönheit eines prächtigen Schiffes und von seiner historischen Bedeutung.

John P. Eaton und Charles A. Haas

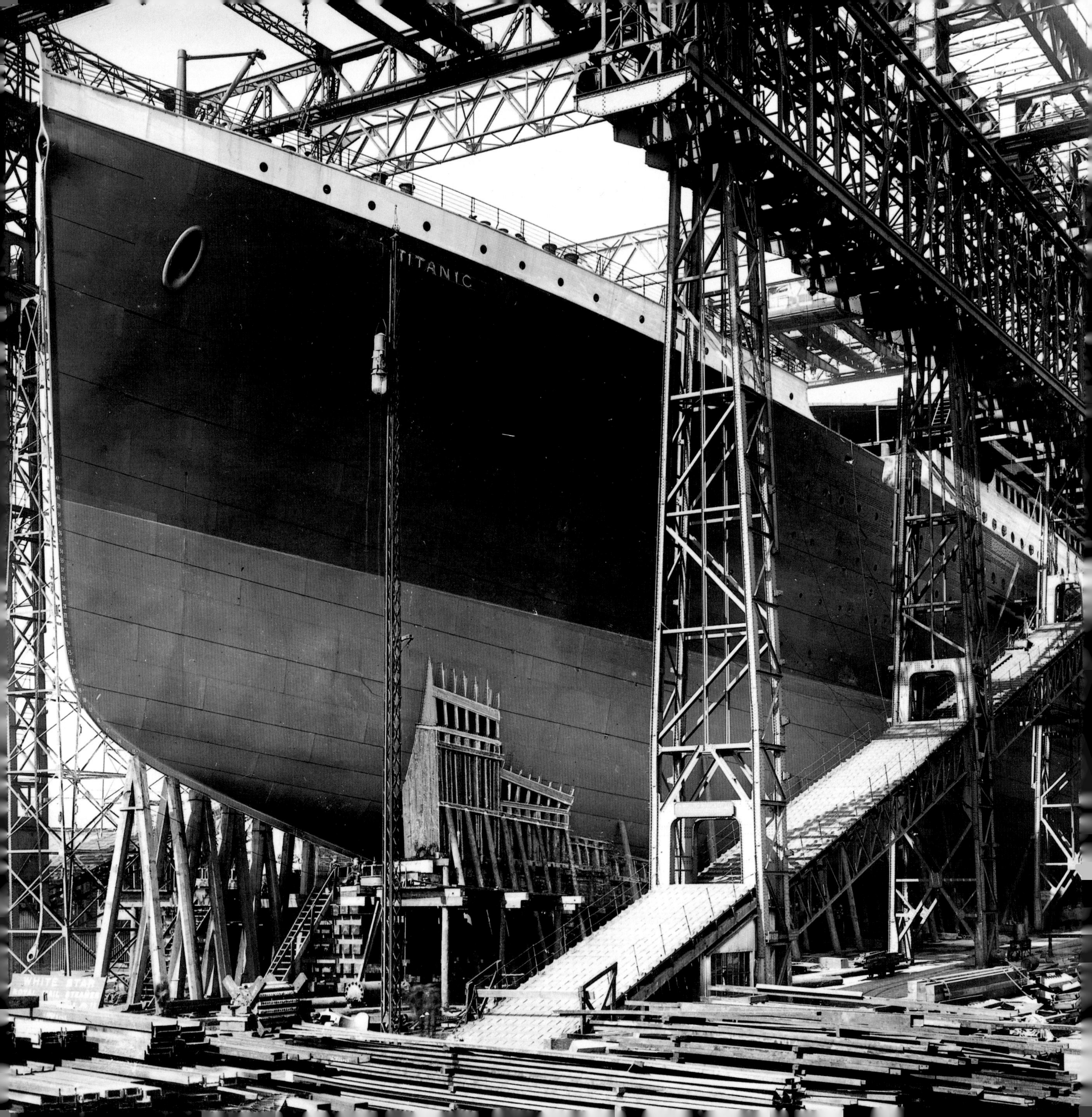
TITANIC
WHITE STAR

DIE ZEIT DER TITANIC

Eine Taschenuhr aus 18karätigem Gold, die vielleicht einem Erste-Klasse-Passagier der *Titanic* gehörte und auf dem Grund des Nordatlantik gefunden wurde. Links: Die *Titanic* im Bau in Belfast.

DER NORDATLANTIK IST selbst in den wärmeren Monaten ein grausames, schlecht-gelauntes Meer. Wilde Hurrikans peitschen seine eisigen, graugrünen Fluten. Dicke Nebelbänke versperren den Blick und lassen den Himmel verschwinden, und heftige Sturmböen pfeifen aus dem Norden und dem Westen heran. Vom Rand der grönländischen Eiswüste brechen Eisberge ab, donnern ins Meer und treiben dann als verderbenbringende Inseln nach Süden, an Labrador vorbei, hin zu den Neufundlandbänken. Es war im Frühling, im April, in einer ruhigen, stillen, mondlosen Nacht, als der mächtige White-Star-Liner *Titanic*, der 1912 auf seiner Jungfernfahrt nach New York war, im kaum bewegten Nordatlantik in voller Fahrt auf eine massive Eisbarrikade traf. Plötzlich, fast geräuschlos, riß ein Eisberg die Steuerbordseite auf. Und nach nur drei Stunden war die riesige luxuriöse *Titanic* im eisigen Meer verschwunden und hatte 1523 Passagiere und Besatzungsmitglieder – Millionäre und Auswanderer, Männer, Frauen und Kinder – in den Tod gerissen. Das tragische Geschick der *Titanic*, des großartigsten Schiffes, das die Welt je gesehen hatte, machte einmal mehr deutlich, daß die Überquerung des Nordatlantik voller Gefahren steckte – Gefahren, von denen man zu optimistisch angenommen hatte, daß die Titanic ihnen trotzen könnte.

Besonders groß waren die Gefahren und Unbequemlichkeiten der Überfahrt zu Beginn des neunzehnten Jahrhunderts, als man begann, feste Fahrpläne für die Schiffe aufzustellen, die Passagiere und Post über den wütenden Atlantik brachten, dabei aber die bösartigen Stürme, den Wind und das Eis außer Acht ließ, die die Passagen erschwerten. Die strapaziösen Reisen konnten einen Monat oder noch länger dauern und waren oft eine regelrechte Qual. Die Passagiere im Zwischendeck, die dort unter unhygienischen Bedingungen zusammengepfercht waren, mußten gegen das Verhungern und die tödlichen Infektionskrankheiten ankämpfen, denen oft Dutzende Menschen zum Opfer fielen, bevor das Schiff den Hafen erreichte. Doch selbst für die Passagiere in der Ersten Klasse war die Überfahrt auf Grund von Überfüllung, schlechtem Essen und dem Fehlen jeglicher Belüftung unter Deck oft eine Tortur. Von Samuel Johnson ist der Ausspruch überliefert, ein Schiff gliche einem Gefängnis, und dazu liefe man noch Gefahr, zu ertrinken. Die meisten Menschen fürchteten Seereisen aus gutem Grund: von hundert Schiffen erreichten immerhin sechzehn nie einen Hafen oder verschwanden auf mysteriöse Weise, ohne jede Spur.

Auch später, in den frühen Tagen der Dampfschiffahrt, konnte die Nordatlantikpassage immer noch ein alptraumhaftes Erlebnis sein. Charles Dickens fuhr 1842 an Bord des Royal Mail Ship *Britannia* der Cunard-Reederei von Liverpool nach Boston und schrieb darüber folgendes: „Bevor wir in die Gedärme des Schiffes hinunterstiegen, waren wir vom Deck aus in einen langen und schmalen Raum gekommen, der einem riesigen Leichenwagen mit Fenstern an den Seiten nicht unähnlich war." Über die Kojen beklagte er sich, es sei „nie etwas Kleineres zum Schlafen gemacht worden außer Särgen". Es gab nur wenige Stellen, an denen sich die Passagiere versammeln konnten, dazu zählten der überfüllte Speiseraum, eine enge Damenkabine und das Oberdeck, wo die Herren zwischen Kisten und Hühnerkörben versuchen konnten, Konversation zu machen. Mark Twain beklagte sich, daß es auf den Schiffen keinen Platz zum Rauchen gab außer einem widerwärtigen, aus rohen Brettern gezimmerten Verschlag; es gab keine Sitze, und „aller Nasen lang drangen die Wellen durch die Ritzen und überschwemmten das Loch". Für Frauen, Kinder und Invaliden gab es frische Milch, die von einer bemitleidenswerten seefahrenden Kuh stammte, die in einem ausgepolsterten Deckaufbau gehalten wurde.

Doch dank des harten Wettbewerbs und neuer Schiffstypen gab es zwischen 1859 und 1900 bei den Transatlantik-Reisen enorme Verbesserungen – so konnten die modernen Liner Passagiere und Post nun in nur einer Woche über den gefährlichen Atlantik transportieren, ein zuvor unvorstellbarer Luxus. Die Hochseedampfer wurden nach und nach zu komfortablen schwimmenden Hotels, ausgestattet mit allem, was für die Sicherheit, das Wohlbefinden und die Unterhaltung der Gäste notwendig war. 1906 konnte sich ein britischer Schiffbauingenieur brüsten, daß die Säle der besten Ozean-Liner ohne Übertreibung mit denen von Königspalästen gleichgesetzt werden könnten.

In der optimistischen Zeit Anfang des 20. Jahrhunderts glaubte man auch, daß die modernen Transatlantik-Liner praktisch unverwundbar seien und allen Gefahren des Meeres trotzen könnten. Der unaufhaltsame Fortschritt, so glaubte man, würde schon bald dafür sorgen, daß eine Ozeanüberquerung fast so sicher wie ein Urlaub in einem luxuriösen Seebad wäre. 1911 machten neue Methoden wie die wasserdichte Abschottung von Schiffsteilen oder die Verwendung von Druckluft, um das Wasser aus dem Schiff herauszuhalten, von sich reden, und man schlußfolgerte, daß die modernsten Schiffe nunmehr „unsinkbar" seien – ein Wort, das seinen Weg sowohl in die Schlagzeilen der Zeitungen als auch in seriöse Schiffbauzeitschriften fand. „Wir glauben mittlerweile", hieß es in einem Leitartikel der *New York Times*, „daß unsere wunderbaren modernen Liner mit ihren wasserdicht

▶ Die *Olympic* im Bau auf der Belfaster Werft von Harland & Wolff. Die *Titanic* ist am linken Bildrand kaum zu erkennen.

▲

Ende der 90er Jahre des vorigen Jahrhunderts forderten die schnellen und luxuriösen deutschen Schiffe die britischen heraus, die den lukrativen Transatlantikverkehr dominierten. Die *Kaiser Wilhelm der Große* errang 1897 das begehrte Blaue Band für den Geschwindigkeitsrekord von 22,5 Knoten. Deutschland ließ bald weitere schnelle Liner folgen, so die *Kronprinz Wilhelm*, die *Kaiser Wilhelm II.* und die *Kronprinzessin Cecilie*. Die britische Reederei Cunard setzte der Konkurrenz aus Deutschland 1907 zwei neue Luxusliner entgegen – das legendäre 31000-Tonnen-Schiff *Lusitania* (im Bild oben) und die *Mauretania* – die mit 26 bis 28 Knoten neue Rekordmarken setzten.

INGLIS' BREAD
CRUMLIN RD

▲

Fast fünfzehntausend Werftarbeiter (links) wurden für den Bau der *Olympic* und der *Titanic* gebraucht – die größten sich bewegenden Objekte, die je gebaut worden waren. Die *Titanic* ist im Hintergrund im linken Kranportal sichtbar. Oben: Um Platz für die riesigen Liner zu schaffen, wurden in der zu Harland & Wolff gehörenden Werft auf Queens Island in Belfast drei existierende durch zwei riesige neue Bauhelligen ersetzt, die mit Stahl und einer anderthalb Meter dicken Betonschicht verstärkt wurden. Überragt wurden sie von einer neuen 50-Meter-Portalkrananlage, der weltweit größten ihrer Art. Rechts: Als die *Titanic* auf Jungfernfahrt ging, gehörte zur Crew auch ein Team von Harland & Wolff, dem neun der besten Ingenieure und Konstrukteure der Werft angehörten. Dieser Schraubenschlüssel wurde vom Meeresgrund geborgen.

▲

Den Namen „Dreischraubendampfer" trugen die *Titanic* (vorhergehende Seiten) und die *Olympic* (oben), weil sie über drei Schiffsschrauben aus Stahlguß und Bronze verfügten. Die riesigen äußeren Schrauben hatten einen Durchmesser von fast sieben, die Mittelschraube von fünf Metern.
Links: Der mittlere Anker der *Olympic* und der *Titanic* wog 15,5 Tonnen. Für jedes der gewaltigen Schiffe wurden drei Anker benötigt.

abgeschotteten Abteilungen und ihrer ständigen, disziplinierten Überwachung sicher sind vor dem Verlust durch Kollision, daß sie selbst nach dem heftigsten Zusammenprall nicht sinken werden."

Viele der Reisenden, die den Atlantik in den neuen seetüchtigen Palästen überquerten, waren reiche, kosmopolitische Amerikaner, Briten und Europäer, die im sorglosen und extravaganten Goldenen Zeitalter zwischen den Kontinenten pendelten. Manche von diesen luxusgewöhnten, von Klatschkolumnisten verfolgten und von Zofen und Kammerdienern begleiteten Personen überquerten den Atlantik im Laufe ihres Lebens bis zu sechzigmal. Doch unter Deck, in weniger eleganten und spärlicher ausgestatteten Quartieren, reisten Massen von Auswanderern, die das Geld für die Passage in ihre neue Heimat Amerika regelrecht zusammengekratzt hatten – Männer, Frauen und Kinder mit wenigen Habseligkeiten, die allein durch ihre große Zahl die Passagierlisten und die Gewinne der Atlantik-Dampfschiffgesellschaften anschwellen ließen.

Die Reedereien führten einen gnadenlosen Konkurrenzkampf um beide Gruppen von Passagieren. Die etablierten britischen Dampfschiffgesellschaften – die 1839 gegründete Cunard und die jüngere White Star Line, die 1867 von Thomas Henry Ismay erworben wurde – dominierten die lukrative Nordatlantikstrecke bis in die 90er Jahre des vorigen Jahrhunderts. Dann mußten sie sich zunehmender Konkurrenz, vor allem von den deutschen Gesellschaften, stellen. Trotzdem bewältigten die schnellen und komfortablen britischen Passagierdampfer den Großteil des Nordatlantik-Verkehrs. Zwischen 1891 und 1911 beförderten sie mehr als 9 Millionen Menschen. Obwohl seine Vorherrschaft zunehmend attackiert wurde, regierte Großbritannien die Weltmeere nach wie vor. Ein Fünftel der Weltbevölkerung lebte unter britischer Herrschaft, die britische Flotte war die bedeutendste der Welt, und die Hälfte aller Handelsschiffe der Welt wurden auf britischen Werften gebaut. Und das Land war entschlossen, seine Führungsposition gegen die Deutschen zu verteidigen, indem es die größten, schnellsten und komfortabelsten Schiffe baute.

Die britische White Star Line hatte als erste neue Standards gesetzt für den neuen, komfortablen Typ des Schnelldampfers, als sie 1870 die *Oceanic* in Dienst stellte – ein Schiff, das, neben anderen Neuerungen, über geräumige Kabinen mit fließendem Wasser verfügte. Bald darauf mehrten die in den Jahren 1874 bzw. 1875 fertiggestellten *Britannic* und *Germanic* den Ruhm der Gesellschaft mit neuen Geschwindigkeitsrekorden. Sie überquerten den Atlantik in weniger als siebeneinhalb Tagen mit einer Geschwindigkeit von mehr als 16 Knoten. White Star verbesserte diese Leistung noch mit den 1889 vom Stapel gelaufenen Linern *Teutonic* und *Majestic*, die Dauergeschwindigkeiten von bis zu 20 Knoten erreichten.

Ende der 90er Jahre trat mit Deutschland jedoch ein ernstzunehmender Konkurrent im transatlantischen Rennen auf den Plan. Seine Flotte luxuriöser Liner stellte neue Geschwindigkeitsrekorde auf. Die britische Cunard-Linie, die sich keinesfalls von

▲ Die Passagiere der *Titanic* in den letzten Augenblicken an Land. Viele Auswanderer, die mit der *Titanic* auf deren Jungfernfahrt reisten, versprachen sich von Amerika die Erfüllung eines Traumes und die Chance auf ein neues Leben.

▲

Die 29 Kessel der *Titanic,* von denen jeder einen Durchmesser von ca. 4,50 m hatte, wurden von Harland & Wolff gebaut. Links: Ein Ablaufschlitten hielt die *Titanic* an ihrem Platz, bis sie vom Stapel laufen konnte. Gegenüberliegende Seite: Am 31. Mai 1911 wurde die *Titanic* im Lagan zu Wasser gelassen. Die vier riesigen Schornsteine fehlten noch. Folgende Seiten: Nach dem Stapellauf folgte der zehnmonatige Ausbau der *Titanic* im Tiefwasserbecken von Harland & Wolff.

den deutschen Newcomern überflügeln lassen wollte, warf 1907 den Fehdehandschuh, indem sie zwei wahre Giganten in Dienst stellte, die legendäre *Lusitania*, ein 31000-Tonnen-Schiff, und die *Mauretania*. Diese beeindruckenden neuen Schiffe, die von hochmodernen Turbinenmaschinen und vier Schiffsschrauben angetrieben wurden, eroberten den Geschwindigkeitsrekord für Großbritannien zurück. Sie schraubten die neue Rekordmarke auf 26 bis 28 Knoten, das ermöglichte die Überquerung des Nordatlantiks in weniger als fünf Tagen.

Während es die Cunard Line über die Geschwindigkeit mit den Rivalen aufnahm, versuchte die White Star Line, die Konkurrenz beim Komfort ihrer Schiffe und bei der Eleganz ihrer Ausstattung zu übertreffen. Doch auch in diesem Bereich hatte ihre Herausforderin Cunard Line die Nase vorn. Die *Lusitania* und die *Mauretania* waren beträchtlich geräumiger als das größte und neueste Schiff der White Star Line, der 24541-Tonner *Adriatic*. Der Geschäftsführung der White Star Line wurde daher immer klarer, daß ein kühner Vorstoß vonnöten war. Als beste Möglichkeit für die Gesellschaft, der anhaltenden Schwächung ihrer Wettbewerbsposition zu begegnen, betrachtete man dabei ein Projekt, an das sich noch keine Passagier-Reederei gewagt hatte – den Bau von drei Superschiffen, die mit ihrer fast unvorstellbaren Größe und Eleganz alle anderen Schiffe in den Schatten stellen würden.

* * *

EINES ABENDS IM Frühjahr 1907, als die *Lusitania* und die *Mauretania* kurz vor der Vollendung standen, traf J. Bruce Ismay, Aufsichtsratsvorsitzender und Geschäftsführer der White Star Line, zum Dinner im Londoner Haus von Lord William James Pirrie ein, dem Direktor des renommierten Schiffbauunternehmens Harland & Wolff. Die beiden Männer schmiedeten hochfliegende Pläne. Die White Star würde ihre drei gigantischen Schiffe tatsächlich bauen, so beschlossen es Ismay und Pirrie – jedes um 50 Prozent größer und 30 Meter länger als die neuen Cunard-Goliaths. Mit unvorstellbaren 45000 Tonnen würden die Kolosse nicht nur die größten je in Dienst gestellten Schiffe sein, sondern die größten sich bewegenden Objekte, die je von Menschenhand geschaffen wurden. Ihrer Größe würde auch der einzigartige Luxus der Ausstattung entsprechen, mit der man die verwöhntesten Erste-Klasse-Passagiere anzulocken hoffte. Obwohl die riesigen Schiffe nicht für Geschwindigkeitsrekorde ausgelegt waren, die Reisegeschwindigkeit sollte bescheidene 22 bis 23 Knoten betragen, würden die Reisenden den Atlantik unvergleichlich sicher und bei höchstem Komfort in einer Woche überqueren, ohne die störenden Vibrationen, die bei schnelleren Schiffen für gewöhnlich auftraten. Alle drei neuen Liner würden auf der Belfaster Werft von Harland & Wolff gebaut werden. Und auch die Namen standen schon fest: die Royal Mail Ships *Olympic*, *Titanic* und *Gigantic*.

Der Bau der Schiffe begann am 16. Dezember 1908, als bei Harland & Wolff der erste der Kolosse, die *Olympic*, auf Kiel gelegt wurde. Der Kiel ihrer jüngeren Schwester *Titanic* wurde einige Monate

▲ Der amerikanische Millionär J. P. Morgan war Ehrengast beim Stapellauf der *Titanic* – nicht als Zuschauer, sondern als Besitzer des eindrucksvollen Schiffes. Morgan hatte die White Star Line 1902 gekauft, in der Hoffnung, mit dem Passagierverkehr über den Atlantik Gewinn zu machen. Er gliederte die Gesellschaft in seine International Mercantile Marine (IMM) ein, einen riesigen Trust von Schiffahrtsunternehmen. Der Bau des gewaltigen Liners wurde durch die Ausgabe von IMM-Aktien finanziert. Morgan wollte ursprünglich die Jungfernfahrt der *Titanic* mitmachen, mußte diesen Plan aber wegen geschäftlicher Verpflichtungen aufgeben.

▲

Auf dem weitläufigen Bootsdeck der *Titanic* gab es 16 hölzerne und vier faltbare Rettungsboote. Obwohl diese nur 1178 Personen – weniger als die Hälfte der 3547 Passagiere und Besatzungsmitglieder, die das Schiff aufnehmen konnte – Platz boten, wurde die vorgeschriebene Zahl von Rettungsbootplätzen um 17 Prozent überboten. Rechts: Die Bank, von der dieses Seitenteil aus in Sand gegossener Bronze stammt, das vom Grund des Ozeans geborgen wurde, stand einst auf dem Bootsdeck der *Titanic*.

Seit 1870 baute Harland & Wolff die White-Star-Liner und war verantwortlich für jedes Detail, vom Rumpf über die Maschinen bis hin zu der mit prächtigen Schnitzereien verzierten Täfelung in den Kabinen der Ersten Klasse und den Empfangsräumen. Dabei gab es vorher nie eine Preisvereinbarung. Der Auftrag für Harland und Wolff lautete einfach, das bestmögliche Schiff zu bauen.

DIE GROSSEN TREPPENAUFGÄNGE

Links: Auf der *Olympic* und der *Titanic* waren die Erste-Klasse-Passagiere von der luxuriösesten Ausstattung umgeben, die man sich vorstellen konnte, das galt auch für die großen Treppenaufgänge. Unten: Der vordere Hauptaufgang wurde von einer leuchtenden Glaskuppel gekrönt. Ganz unten links: Ein Stück des reich verzierten Treppengeländers von einem der Aufgänge wurde einige Tage nach dem Untergang der *Titanic* auf dem Wasser treibend gefunden. Rechts: Dieser Bronze-Engel, der 1987 in der Umgebung des Wracks gefunden wurde, könnte aus dem Bereich des hinteren Aufganges stammen. Unten rechts: Die Uhr aus dem Hauptaufgang.

225 m lange Ablaufbahn zuvor mit Talg, Öl und Seife geschmiert. Schließlich wurde eine rote Flagge gehißt, Warnraketen stiegen in den Himmel, Pfeifen schrillten, und dreizehn Minuten nach zwölf wurden die riesigen Hydraulikhebel, die den Koloß hielten, umgelegt. Zweiundsechzig Sekunden später glitt die *Titanic* sanft ins Wasser des Lagan.

Das langerwartete großartige Ereignis war vorüber, und die Prominenz zog sich zu einem von Lord Pirrie im Grand Central Hotel gegebenen Essen zurück. Doch an der *Titanic* ging die Arbeit erst richtig los. Ihr leerer Rumpf, dem auch die vier majestätischen Schornsteine noch fehlten, wurde ins Tiefwasserbecken von Harland & Wolff geschleppt. Dort wurde sie über zehn Monate mit Maschinen, Kesseln und anderen mechanischen Ausrüstungen versehen. Handwerker schmückten sie mit Buntglasfenstern, flauschigen Teppichen, wunderschönen Leuchtern und herrlicher Holztäfelung. Sowohl die Größe als auch der Luxus der *Titanic* und der *Olympic* waren einzigartig. In einer den neuen Schwesterschiffen gewidmeten Sonderausgabe berichtete das renommierte Fachblatt *The Shipbuilder*, daß man sich die größte Mühe gegeben habe, „um den Passagieren Räumlichkeiten von einmaliger Größe und Pracht zur Verfügung zu stellen“, und daß die großartigen Ergebnisse wohl nicht mehr übertroffen werden könnten. Andere Schiffe mögen ebenfalls eindrucksvolle Äußerlichkeiten geboten haben, aber die *Olympic* und die *Titanic* ermöglichten Seereisen in einer völlig neuen Qualität. Sie waren die ersten Ozeanliner, die ihren Passagieren die Möglichkeit gaben, an Bord Squash zu spielen. Dazu gab es einen Swimmingpool und einen hervorragend ausgestatteten Sportsaal mit den allerneuesten Geräten aus Wiesbaden – darunter Fahrradtrainer, „Kamele“ und „Pferde“. Auch ein luxuriöses Türkisches Bad im Stil des mysteriösen Ostens, so gab es u. a. niedrige Diwane und Damaszener Tische mit kunstvollen Intarsien, bot den Gästen vielfältige Erholungsmöglichkeiten. Beide Schiffe verfügten außerdem über einen „großen Friseursalon, ... einen Bügelraum, einen gesonderten Speisesaal für

STILVOLLE LUXUSKABINEN

Die prachtvollen Erste-Klasse-Kabinen der *Olympic* und der *Titanic* waren in verschiedenen Stilrichtungen gehalten. Damit konnte auch den ausgefallensten Wünschen Rechnung getragen werden, ganz gleich ob nun Louis Seize, Empire, Italienische Renaissance, Georgianisch, Regence, Queen Anne oder Altholländisch bevorzugt wurde. Am besten war man an Bord der beiden Schiffe in den Salonsuiten untergebracht, die aus einem Wohnraum, zwei Schlafräumen, zwei Ankleideräumen, privatem Bad, Toilette und – allerdings nur auf der *Titanic* – einem privaten Promenadendeck bestanden. Unten: Diese Lampe aus massivem Silber, die aus einer der Erste-Klasse-Kabinen stammt, wurde 1987 aus dem Trümmerfeld der *Titanic* geborgen.

Zofen und Kammerdiener, eine Bibliothek mit Ausleihe, ein Telefonsystem und Ausrüstungen für die drahtlose Telegraphie", schrieb *The Shipbuilder* weiter. „Was die Möbel und sonstige Ausstattung betrifft, hat man erreicht, daß die Erste Klasse den besten Hotels an Land mehr als gleichkommt."

Während an der *Titanic* der Innenausbau langsam vorankam, ging ihr Schwesterschiff, die *Olympic,* am 14. Juni 1911 auf ihre Jungfernfahrt nach New York. Unter großer Anteilnahme der Öffentlichkeit verließ sie mit 1316 Passagieren und 850 Besatzungsmitgliedern an Bord den Hafen von Southampton. Sie stand unter dem Kommando von Edward John (E. J.) Smith, einem der bekanntesten Kapitäne seiner Zeit. Der Kommodore mit dem weißen Bart, „ein großartiger Seemann", bekannt für seine „verbindliche Art und angenehme Persönlichkeit", war neun Jahre lang Kapitän auf dem White-Star-Liner *Majestic* gewesen, und ihm war schon oft die Ehre zuteil geworden, ein neues Schiff der Reederei auf seiner Jungfernfahrt zu befehligen.

Die *Olympic* wurde als „die Leistung der Epoche" gerühmt, das beste und größte Produkt „der überragenden Fähigkeiten der ersten Seefahrernation der Welt". Sie war so groß, daß die White Star die New Yorker Hafenbehörde überreden mußte, Pier 59 um fast 30 Meter in den Hudson River hinein zu verlängern. Obwohl sie genausowenig wie die *Titanic* für Geschwindigkeitsrekorde gebaut worden war, konnte Kapitän Smith auf halber Strecke stolz telegrafieren, daß die *Olympic* die von ihren Erbauern versprochene Geschwindigkeit übertroffen hatte. Als sie am 21. Juni 1911 von zwölf Schleppern in den New Yorker Hafen gezogen wurde, begrüßte man sie begeistert und erstaunt angesichts der unglaublichen Ausmaße. „Sie sah aus wie ein richtiges Seeungeheuer", schrieb ein New Yorker Reporter schwärmerisch – so riesig, „daß zwei Elefanten nebeneinander durch den Kabinengang spazieren könnten". Größe und Ausstattung des Schiffes provozierten auch freundliche Sticheleien und Witze. So war in einer Karikatur der *New York Times* ein gutgekleideter Passagier zu sehen, der sich nach dem Weg zur fiktiven Bordrennbahn der Olympic erkundigt. „Gehen Sie zwei Straßen weiter", antwortet ein Matrose, „nehmen Sie den roten Bus und – ach, wenn ich es recht bedenke, fahren Sie am besten mit der U-Bahn."

Die Jungfernfahrt der *Olympic* war ein Erfolg auf der ganzen Linie. Einer der Passagiere gab jedoch zu, die Reise über den unberechenbaren Atlantik auf dem noch nicht erprobten Schiff mit Sorge angetreten zu haben. Er notierte, auf jedem nagelneuen Schiff, wie groß es auch immer sei, gäbe es „immer dieses Gefühl eines zusätzlichen Gefahrenelements. Was, wenn dieser oder jener Mann sich bei seinen Berechnungen geirrt hat, was, wenn das Unerwartete nur ein einziges Mal eintreten sollte, was, wenn ein Dutzend verschiedener Wenns zusammenkommt, alle Berechnungen über den Haufen wirft und uns mit dem noch nie Dagewesenen konfrontiert?"

Wie sich herausstellte, waren diese Sorgen völlig unbegründet. Die *Olympic* war sicher und triumphierend an ihrem Zielhafen angekommen.

Den Damen der Ersten Klasse stand auf der *Olympic* und der *Titanic* ein im Georgianischen Stil gehaltener Lese- und Schreibsaal (oben und rechts) zur Verfügung. Oben: Eine Lesebrille, die einem Passagier oder einem Besatzungsmitglied gehörte und 1987 in der Nähe des Wracks der *Titanic* gefunden wurde.

▲

Im Speisesaal der Ersten Klasse (oben und ganz oben) waren die Passagiere vom puren Luxus umgeben. Die Räumlichkeiten der Zweiten Klasse waren so gut ausgestattet, daß sie der Ersten Klasse anderer moderner Schiffe gleichkamen oder diese sogar übertrafen. Rechts: Ein Foto aus den 20er Jahren zeigt Passagiere im Speisesaal der Zweiten Klasse an Bord der *Olympic*. Der Saal ist im altenglischen Stil gehalten. Auf der *Olympic* und der *Titanic* waren die Dritte-Klasse-Passagiere besser untergebracht als Erste-Klasse-Passagiere in der Anfangszeit der Atlantiküberquerung.

▲

Sowohl auf der *Olympic* als auch der *Titanic* gab es ein beliebtes Verandacafé und einen Wintergarten mit Palmen. Das Café Parisien war allerdings den Passagieren der *Titanic* vorbehalten, die sich dort wie in einem französischen Straßencafé fühlen konnten. Links: Gummierte Fußbodenfliesen, wie diese 1993 gefundenen, wurden in verschiedenen Bereichen der Zweiten und Dritten Klasse verwendet. Folgende Seiten: Eine Ansicht des Café Parisien.

DIE JUNGFERNFAHRT

Die Dreiton-Dampfpfeifen der *Titanic* waren die größten, die jemals gebaut wurden. Die hier gezeigte wurde 1993 geborgen. Links: Die *Titanic* beim Verlassen des Belfast Lough während ihrer Probefahrt.

NICHT GANZ ZEHN MONATE NACH dem großartigen Debüt der *Olympic* war nun auch die *Titanic* bereit zu ihrer Jungfernfahrt nach New York. Die mächtige *Titanic* übertraf die *Olympic* sogar noch um einiges. Sie hatte eine um 1000 Tonnen höhere Tonnage, und die Ausstattung war noch gediegener und luxuriöser. Viele ihrer prachtvollen neuen Kabinen, darunter 28 Luxuskabinen auf Deck B, hatten anstelle von Bullaugen richtige Fenster, und zu zwei Kabinen gehörte sogar ein privates Deck. Auch durch den Erfolg der *Olympic* war die White Star Line zu der von Millionären bevorzugten Reederei geworden. Im Jahre 1911 beförderte sie mehr Erste-Klasse-Passagiere als je eine Dampfschiffgesellschaft zuvor. Um diese begehrten Fahrgäste nicht zu verlieren, stattete sie die *Titanic* mit weiteren, von der Konkurrenz unerreichten Annehmlichkeiten aus. Die Promenade des Schiffes war am vorderen Ende mit Glas versehen, so daß die Spazierenden nicht mehr naßgespritzt wurden, wie es den Erste-Klasse-Passagieren der *Olympic* noch passiert war. Das Restaurant der *Titanic* war größer als das der *Olympic*, dazu gab es das wunderschöne Café Parisien, eine mit rankenden Pflanzen geschmückte Nachbildung eines Pariser Straßencafés. Das neue Schiff war so ausgestattet, daß dem vor allem von reichen Amerikanern gehegten Wunsch nach Reisen in vollkommenem Luxus in jeder Hinsicht Rechnung getragen wurde, angefangen von den „Millionärssuiten“ bis zu den speziellen Unter-

Großbritanniens. In Ermangelung von Brennstoff hatten die Transatlantik-Linien ihre kohleschluckenden Schiffe stillgelegt und brauchten demzufolge keine Dockarbeiter und Besatzungen. Mehr als 17000 Männer der Stadt waren arbeitslos, und ihre Familien litten Hunger. Die White Star Line war allerdings trotz des Streiks entschlossen, die angekündigten Fahrpläne für die *Olympic* und die *Titanic* einzuhalten. Am 3. April, dem gleichen Tag, an dem die *Titanic* an ihrem Liegeplatz andockte, lief die *Olympic* wie geplant aus Southampton aus. Sogar der Speisesaal der Dritten Klasse war mit Kohle gefüllt, damit genügend Brennstoff für die gesamte Reise zur Verfügung stand. Auch die *Titanic*, so wurde bekanntgegeben, sollte wie geplant am Mittag des 10. April auf ihre Jungfernfahrt gehen. Obwohl der bittere Arbeitskampf schließlich am 6. April beendet wurde, konnten die riesigen Bunker der *Titanic* nicht mehr rechtzeitig vor dem Auslaufen mit neugeförderter Kohle befüllt werden. Deshalb wurden 4427 Tonnen Kohle von anderen Schiffen der IMM – der *Oceanic*, der *Majestic*, der *Philadelphia*, der *St. Louis*, der *St. Paul* und der *New York* – umgeladen, deren geplante Überfahrten gestrichen worden waren. Auch Offiziere und andere Besatzungsmitglieder wurden von den anderen Schiffen übernommen – und einige Passagiere, die die Reise ursprünglich an Bord der *New York*, der *Philadelphia*, der *Oceanic* oder der *Adriatic* machen wollten, stellten fest, daß sie auf die *Titanic* umgebucht worden waren.

***

DER NEUE WHITE-STAR-GIGANT schien wirklich ein „Wunderschiff" zu sein. An ihrem Liegeplatz überragte die riesige, über eine Sechstelmeile lange *Titanic* das Wasser wie eine enorme Felsklippe, elf Stockwerke hoch. Andere Schiffe im Hafen wirkten neben ihr wie Nußschalen, wie Charlotte Collyer, eine amerikanische Passagierin, anmerkte. Schaulustige strömten nach Southampton, um den Riesen zu sehen, und einige waren angesichts seiner Größe regelrecht sprachlos. Die *Titanic*, so ein begeisterter Tourist, „war riesig, ich war überwältigt, es war wunderbar." Aber ihre Größe erweckte auch Befürchtungen. „Sie ist zu groß", urteilte eine Frau aus Cornwall. Auf der anderen Seite des Atlantik überschlugen sich derweil die Zeitungen schon mit Berichten über die sehnsüchtig erwartete Ankunft des Kolosses am 17. April. „Wenn die *Titanic* in den Hudson einläuft ...", verkündete die New York Times, „werden die New Yorker ein Schiff sehen, das länger ist als vier Blocks in der Stadt, und wenn man es hochkant stellen würde, wäre es 181,7 Fuß höher als der Metropolitan Life Tower und 270 Fuß höher als das Singer Building ... Was die Unterkünfte der Passagiere betrifft, so gehören sie zu den prachtvollsten, die je auf einem Schiff eingerichtet wurden."

◄ Die Zeichnung links zeigt ein Bad in der Ersten Klasse.
Oben: Porzellanwaschbecken und Wasserhähne, die denen auf der Zeichnung ähneln. Auch sie wurden vom Meeresgrund gehoben.

Auch in punkto Sicherheit glaubte man, daß die *Titanic* den höchsten erreichbaren Stand verkörperte. „Keiner von uns hatte auch nur die geringsten Befürchtungen, was ihre Sicherheit betraf", erinnerte sich ein Besucher, der das Schiff in Southampton besichtigt hatte. „Sie verkörperte den

TITANIC

neuesten Stand der Technik, und man sagte, sie sei buchstäblich unsinkbar.“ Die *Titanic* verfügte über 16 wasserdicht abschottbare Abteilungen, die so konzipiert waren, daß sich das Schiff auch dann noch über Wasser halten konnte, wenn die beiden größten dieser Kammern überflutet würden – aber schon das wurde als überhaupt nicht vorstellbar angesehen. Zwischen den Abteilungen befanden sich elektrisch gesteuerte wasserdicht schließende Türen, die von der Steuerbrücke aus innerhalb kürzester Zeit geschlossen werden konnten. Die Zeitschrift *Engineering* bedachte die hochmodernen Sicherheitsausrüstungen des Liners mit höchstem Lob: „Die *Titanic* ... enthält alles, was Urteilsvermögen und Wissen hervorbringen konnten, um sie gegen jegliche Katastrophe immun zu machen.“ Angesichts der durch die wasserdichte Konstruktion erreichten „Unsinkbarkeit“ erschienen die 16 hölzernen Rettungsboote wie blanke Anachronismen, Zugeständnisse an die irrationalen Ängste der Reisenden. Ursprünglich waren für die *Titanic* 64 hölzerne Rettungsboote vorgesehen gewesen. Diese Zahl war später halbiert worden, doch als das Schiff die Werft verließ, waren nur 16 Boote installiert worden, also gerade einmal ein Viertel der ursprünglichen Zahl. Trotzdem genügten 16 Boote bei weitem, um den völlig überholten Bestimmungen des Board of Trade zu genügen. Mit den vier faltbaren Hilfsrettungsbooten verfügte die *Titanic* über Rettungsbootkapazität für 1178 Personen – weniger als die Hälfte der 3547 Passagiere und Besatzungsmitglieder, die das Schiff befördern konnte. Trotz dieser riesigen Diskrepanz wurde die gesetzlich vorgeschriebene Zahl der Plätze um mehr als 17 Prozent überboten.

Die meisten der über 900 Besatzungsmitglieder, die auf der *Titanic* angeheuert hatten, machten sich überhaupt keine Sorgen, was ihre Sicherheit betraf. So sagte z.B. James Arthur Paintin, der Kapitänsteward, die *Titanic* sei ein überdurchschnittliches, „ein hervorragendes Schiff ... viel besser als die *Olympic*“. Viele der Matrosen waren dankbare Seemänner aus Southampton, andere waren aus Belfast, London und Liverpool gekommen. Dazu kamen unzählige Tischler, Bäcker, Eisverkäufer, Küchengehilfen, Serviersteward s, Kabinenstewards, Fahrstuhlführer, Bügler, Friseure und Wäscheverwalter – die Liste dieser Beschäftigten ähnelte durchaus der eines Luxushotels. Vervollständigt wurde die Besatzung durch Navigationsoffiziere, Steuerleute und Heizer. Zur Crew gehörten 23 Frauen, 18 Stewardessen, zwei Kassiererinnen, eine Wirtschafterin für die Dritte Klasse, eine Masseuse und eine Bademeisterin für das Türkische Bad. Darüber hinaus gab es eine ganze Reihe von „speziellen“ Beschäftigten, dazu gehörten die beiden Funker des Schiffes, John G. Phillips und Harold Bride, deren Arbeitgeber eigentlich die Marconi-Gesellschaft war, die aber von der White Star Line bezahlt wurden.

▲ Erste-Klasse-Passagiere bei einem Spaziergang auf dem Deck der *Titanic*. Darüber: Diese elegante *Titanic*-Postkarte mit Seideneinlage wurde in Queenstown, Irland, aufgegeben. Vorhergehende Seiten: Die majestätische *Titanic*, die „Königin des Meeres“, auf ihrer Jungfernfahrt.

▲
Frederic O. Spedden, ein Passagier der Ersten Klasse, sieht seinem Sohn beim Kreiseln auf dem Promenadendeck zu. Beide überlebten die Katastrophe. Links: Dieser Liegestuhl von der *Titanic* wurde nach dem Untergang im Wasser treibend gefunden. Folgende Seiten: Künstlerische Darstellung des Promenadendecks der Zweiten Klasse.

Andere Mitglieder dieser „Sonderbelegschaft“ waren die französischen und italienischen Köche und Kellner des Restaurants, die beim Londoner Gastronomen Luigi Gatti angestellt waren, sowie die acht Mitglieder der Bordkapelle. Da die *Titanic* ein Königliches Postschiff war, befanden sich an Bord auch fünf Postangestellte: drei Amerikaner – Oscar S. Woody, John Starr March und William Logan Gwinn – sowie zwei Engländer vom Postamt Southampton: John Richard Jago Smith und James Bertram Williamson.

Während der Auslauftermin 10. April näherrückte, herrschte auf der *Titanic* Hochbetrieb. Man traf die letzten Vorbereitungen. Das Schiff wurde mit riesigen Mengen Vorräten beladen, dazu kamen Gläser, Geschirr und Besteck. Auch das Frachtgut wurde an Bord gebracht – das aber ganz sicher nicht aus einem riesigen Gold- und Juwelenschatz bestand, wie einige später glaubten, sondern aus ganz normalen Dingen, wie z.B. Büchern, Medikamenten, Wein, Linoleum, Schwämmen, chirurgischen Instrumenten, Drucksachen, wissenschaftlichen Geräten, Fensterrahmen, Straußenfedern und Tee. Alles zusammen hatte einen Wert von weniger als einer halben Million Dollar. Die von der *Titanic* beförderte gewerbliche Fracht – darunter Spitze, Seide und Baumwollstoffe aus Manchester – war für die Frühjahrsschauen für europäische Mode in New York bestimmt. Die Zeit wurde immer knapper, und die Arbeiter hetzten sich ab, um der *Titanic* den letzten Schliff zu geben. Sie seilten sich an den riesigen Schornsteinen ab, um diese mit einer letzten Schicht gelber Farbe zum Glänzen zu bringen. Sie arbeiteten fieberhaft, um das riesige Schiff mit den letzten Teppichen, Möbeln und Dekorationen zu versehen, damit pünktlich zum Termin alles fertig war. Man lag erheblich hinter dem Zeitplan zurück, deshalb war das Arbeitstempo an Bord ungewöhnlich hoch. „Ein neues Schiff reisefertig zu machen“, so merkte Officer Lightoller an, „ist im besten Falle eine ziemlich anstrengende Aufgabe.“ Doch auf der *Titanic* bedeutete es „Arbeit Tag und Nacht, hier etwas organisieren, da Ladungen entgegennehmen, Aufgaben verteilen und die verschiedenen Apparaturen erproben.“ Überwacht wurden all diese hektischen Aktivitäten vom Konstrukteur der *Titanic* Thomas Andrews. Kein Detail, so unbedeutend es auch sein mochte, entging seiner akribischen Aufmerksamkeit. Er konferierte ständig mit Maschinisten, Beamten und Subunternehmern, diskutierte Pläne, führte die Eigner durch das Schiff, legte beim Aufstellen von Regalen, Tischen und Stühlen sowie beim Anbringen von elektrischen Ventilatoren und Kojenleitern selbst Hand an und wachte über jeden Schritt, der das große Schiff seiner Vollendung näherbrachte.

▲ Thomas Andrews, der Geschäftsführer von Harland & Wolff, überwachte Konstruktion und Bau der *Titanic* bis ins kleinste Detail. Er war an Bord des Schiffes und machte sich bis in die letzte Nacht Notizen über mögliche Verbesserungen. Die *Titanic*, so merkte Andrews einmal an, „ist so vollkommen, wie menschliche Hirne sie machen können“. Er überlebte nicht.

Schließlich brach der Tag der Abreise an. Lightoller erinnerte sich später, daß das Schiff, das schon die Tage zuvor einem Bienenstock geglichen hatte, jetzt den Eindruck eines riesigen Schwarms machte. Früh am Morgen kamen die Besatzungsmitglieder an Bord, zogen ihre Uniformen an und absolvierten pflichtschuldig eine dreißigminütige Bootübung: 18 Männer wurden in zwei der Rettungsboote des Schiffes zu Wasser gelassen und „ruderten ein paarmal hin und her“, wie sich Officer Harold Lowe ausdrückte. Kurz darauf kamen die ersten

LUXUS AN BORD DER TITANIC

Zu den reichen Passagieren der *Titanic* gehörten Lady Duff Gordon (rechts), besser bekannt als Couturière „Madame Lucile“, und ihr Mann, Sir Cosmo Duff Gordon, die beim ersten Zwischenstopp der *Titanic* im französischen Cherbourg an Bord gekommen waren. Das Ehepaar reiste als „Mr. and Mrs. Morgan“ in der Ersten Klasse. Beide überlebten den Untergang. Wie alle Erste-Klasse-Passagiere waren auch sie von einem Luxus umgeben, wie es ihn an Bord eines Schiffes noch nie gegeben hatte, angefangen bei den prachtvollen Kabinen über das elegante Geschirr bis hin zu den wunderbar ausgestatteten Gemeinschaftsräumen. Von links: Ein mit dem White-Star-Emblem geschmücktes Schokoladenkännchen aus der Ersten Klasse, das 1996 geborgen wurde (die Verformung kann auf den hohen Wasserdruck beim Sinken der *Titanic* zurückzuführen sein); Spode-Geschirr mit Goldverzierung, das höchstwahrscheinlich im À-la-carte-Restaurant der Ersten Klasse verwendet und 1993 geborgen wurde; eine Flasche Champagner, die 1996 mit unversehrtem Korken gehoben wurde (der Inhalt war allerdings vom Meerwasser verdorben); und das Emblem der Royal Crown Derby, der Manufaktur, die einen großen Teil des Porzellangeschirrs für die *Titanic* herstellte.

Bevor die *Titanic* planmäßig am Mittag ablegte, inspizierten Passagiere, Reporter und Besucher das Schiff von oben bis unten – sie fuhren in den elektrischen Aufzügen, warfen einen Blick ins Büro des Zahlmeisters und in die Küchen mit ihren bemerkenswerten zeitsparenden Gerätschaften, sie erkundeten die Bibliotheken und andere Gemeinschaftsräume, besichtigten den Squashcourt und amüsierten sich an den Geräten des Sportsaals. An Deck unterhielt inzwischen die Bordkapelle, die unter der Leitung des 33jährigen Geigers Wallace Hartley stand, die Menge mit flotten Ragtime-Rhythmen und Operettenmelodien. Dann, pünktlich zur Mittagszeit, zerriß das dreimalige Schrillen der riesigen Dreiton-Dampfpfeife der *Titanic* die Luft. Die Besucher gingen von Bord, und der große Liner setzte sich majestätisch in Bewegung, assistiert von den Schleppern *Hector, Hercules, Neptune, Ajax, Albert Edward* und *Vulcan*. Die Menschen, die die Docks bevölkerten, applaudierten, Taschentücher flatterten im Wind, und Passagiere warfen Blumen ins Wasser, als die *Titanic* langsam ihren Anlegeplatz verließ und sich im gemessenen Tempo von ca. 6 Knoten in den River Test hinausbewegte. Der Anblick des herrlichen Schiffes machte auf viele der Augenzeugen am Ufer einen unauslöschlichen Eindruck. „Sie sah kolossal aus und so majestätisch", schrieb ein Reporter. Die Passagiere winkten zum Abschied von den Decks und aus den Fenstern.

Aber schon unmittelbar danach legte sich ein erster Schatten auf die Jungfernfahrt des großen Schiffes. Die riesige *Titanic* erzeugte eine so große Welle, daß der an einem anderen Pier liegende Liner *New York* aus der Vertäuung gerissen wurde. Die schweren Taue zerbarsten knallend – später wurde von Geräuschen wie Pistolenschüssen berichtet – und schnellten in die Menge. Eine zwei Meter lange Gangway krachte ins Wasser, und die losgemachte *New York* wurde regelrecht in Richtung der *Titanic* geschleudert. Nur das schnelle Reagieren des Hafenlotsen George Bowyer und von Kapitän Smith verhinderte eine schlimme Kollision. „Es war ganz knapp", notierte Kapitän Gale, dessen Schlepper *Vulcan* die *New York* schließlich „wie ein ungehorsames Kind" einfangen und stoppen konnte. So manche an Bord sahen diesen Auftakt als schlechtes Zeichen. „Das ist ein böses Omen", äußerte der Zweite-Klasse-Passagier Thomas Brown gegenüber

◀

Am 10. April 1912, kurz nach Mittag, verließ die *Titanic* Southampton zu ihrer Jungfernfahrt (gegenüberliegende Seite). Oben: Wenige Minuten nach dem Ablegen entging die *Titanic* nur knapp einer Kollision mit dem Liner *New York*, der durch die riesige Welle der *Titanic* aus der Vertäuung gerissen worden war. Rechts: In diesem in Queenstown aufgegebenen Brief beschrieb der Erste-Klasse-Passagier Hugh Woolner den Zwischenfall. Folgende Seiten: Darstellung einer Luxuskabine der Ersten Klasse, wie sie 1912 ausgesehen haben könnte.

On board R·M·S· "TITANIC."

10 April 1912

My dear Kit,

▲

Die Männer konnten sich auf der *Titanic* in einen prächtigen, im Georgianischen Stil gehaltenen Rauchsalon zurückziehen. Er ähnelte dem hier abgebildeten der *Olympic* (oben und links) – „dem besten Salon seiner Art" –, dessen Mahagonitäfelung mit Perlmutt-Einlegearbeiten verziert war. Ganz oben: Zigaretten und eine Pfeife, die 1987 aus dem Trümmerfeld der *Titanic* geborgen wurden.

seiner Tochter Edith. Ein Besatzungsmitglied, der Vollmatrose Joseph Scarrett, war so erschüttert von dem Zwischenfall, daß er bereit war, das Schiff zu verlassen: „Ich sagte zu einem meiner Freunde: ‚Ich hole mein Gepäck, und wenn die *New York* in Reichweite kommt, bin ich weg ...‘“, berichtete er.

Die meisten vergaßen in der allgemeinen Begeisterung der ersten Stunden auf See allerdings recht schnell, daß sie nur knapp einer Kollision entgangen waren. Es war ein schöner Frühlingsnachmittag, und als das große Schiff Southampton Water verließ, wurden die Passagiere umgehend zur ersten Mahlzeit gerufen. Dazu ertönte ganz passend die fröhliche Melodie von „The Roast Beef of Old England“. Der Nachmittag verlief angenehm, während der majestätische Liner den Ärmelkanal überquerte. Um 18.35 Uhr erreichte er seinen ersten Anlaufhafen, Cherbourg in Frankreich. Als die Sonne unterging, lag die *Titanic* im Tiefwasserhafen von Cherbourg und nahm Post und weitere 274 Passagiere an Bord, die mit Tendern herantransportiert worden waren. Unter den 142 Neuankömmlingen in der Ersten Klasse waren wohlhabende Amerikaner, die nach New York zurückfuhren, nachdem sie die Gesellschaftssaison in Europa verbracht hatten. Zu ihnen gehörten Mrs. Charlotte Drake Cardeza, die vierzehn Schrankkoffer, vier Koffer und drei Kisten mit weiteren Gepäckstücken an Bord brachte, Charles Melville Hays, der Direktor der kanadischen Eisenbahngesellschaft Grand Trunk Railroad, John B. Thayer, Direktor der Pennsylvania Railroad, und die amerikanische Millionärin Mrs. James Joseph („Molly“) Brown aus Denver. Mrs. Brown, die von ihrem neureichen Gatten aus Leadville, Colorado, getrennt lebte, hatte sich in Ägypten mit den Astors angefreundet und die Überfahrt auf der *Titanic* gebucht, um sie auf der Reise nach New York zu begleiten. Benjamin Guggenheim, der amerikanische Bergbau- und Hüttenmagnat, hatte ursprünglich eine Kabine auf der *Lusitania* gebucht, war aber in Cherbourg auf die *Titanic* ausgewichen, weil das Schiff der Cunard Line wegen Reparaturarbeiten nicht auslaufen konnte.

Auch 30 Zweite-Klasse-Passagiere kamen an Bord, darunter Franz Pulbaum, ein 27jähriger Maschinist aus Deutschland. Pulbaum war im Alter von 22 Jahren in die USA ausgewandert und hatte es in seiner Wahlheimat offenbar zu etwas gebracht. Nach einer Europareise kehrte er stilvoll dorthin zurück, auf dem vornehmsten, legendärsten Schiff der Welt. Weiterhin gingen in Cherbourg mehr als 100 Zwischendeck-Passagiere an Bord, viele von ihnen Auswanderer aus Syrien und Kroatien. Für 22 Passagiere war die Reise in Cherbourg dagegen schon beendet, u.a. für die elfjährige Eileen Lenox-Conyngham, die mit ihrer Mutter, ihrer Tante

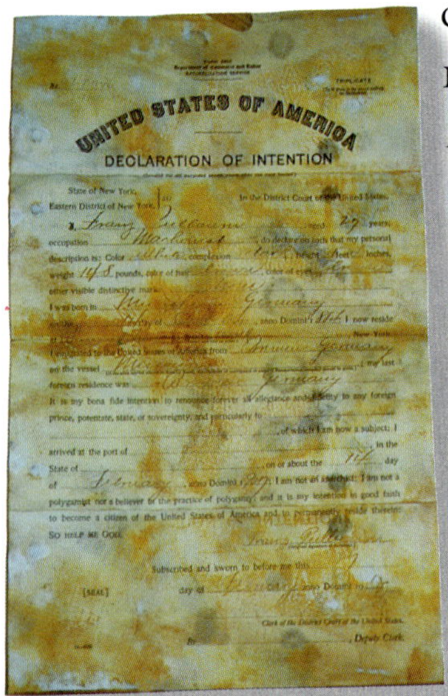
UNITED STATES OF AMERICA
DECLARATION OF INTENTION

▲ Dieses Dokument aus dem Besitz des Zweite-Klasse-Passagiers Franz Pulbaum wurde ebenfalls vom Meeresgrund geborgen. Darin erklärt der 27jährige Auswanderer aus Deutschland seinen Willen, Bürger der Vereinigten Staaten zu werden. Links: Die Millionärin Mrs. James Joseph Brown aus Denver, allgemein bekannt unter dem Namen „die unsinkbare Molly Brown“. Links: Dieser mit einem Saphir und Diamanten besetzte Ring, der einer der Passagierinnen gehörte, wurde 1987 in der Nähe des Wracks gefunden.

▲

Den Erste-Klasse-Passagieren der *Titanic* und der *Olympic* standen drei elektrische Aufzüge zur Verfügung. Auch in der Zweiten Klasse gab es einen Aufzug, ein Luxus, den es nie zuvor auf einem Transatlantikdampfer gegeben hatte. Links: Eine aus dem Trümmerfeld der *Titanic* geborgene Fliege.

Die Dekoration des Erste-Klasse-Salons an Bord der *Olympic* und der *Titanic* (oben und links) orientierte sich am Schloß von Versailles. Ganz oben: Leuchter aus einem der Gemeinschaftsräume der Ersten Klasse auf der *Titanic*.

Die Habseligkeiten eines Passagiers

Zu den Passagieren, die in der Dritten Klasse der *Titanic* reisten, gehörte ein amerikanischer Kutschen- und Autosattler namens Henry Sutehall jr. Er stammte wie sein Freund Howard Irwin aus Buffalo, New York. Die beiden hatten zusammen die Welt umreist. Das nötige Geld verdienten sie sich mit Gelegenheitsarbeiten. Sutehall war als Passagier der *Titanic* registriert und kehrte nach seiner langen Reise nach Hause zurück, darüber besteht kein Zweifel. Irwins Name findet sich dagegen nicht auf der Passagierliste; vielleicht war er nicht an Bord des Schiffes, oder er fuhr unter anderem Namen, was im frühen 20. Jahrhunderts relativ häufig praktiziert wurde. Im Jahre 1993 wurde ein Koffer mit vielen Dingen aus dem Besitz von Irwin vom Grund des Nordatlantik geborgen. Viele Papiere, darunter Briefe und Notenblätter, befanden sich in erstaunlich gutem Zustand, da sie in einen Tuchbeutel verpackt in den Koffer gelegt worden waren. Unter anderem entdeckte man (von rechts im Uhrzeigersinn): eine Ausgabe des *Coachmakers' Journal*, einer Branchenzeitschrift aus New South Wales, Australien, wo Irwin und Sutehall möglicherweise Arbeit in ihrem Beruf gesucht haben; den Holzgriff eines Lederbearbeitungsgerätes; einen Notenständer, der an einer Klarinette befestigt werden konnte; Noten für ein beliebtes Lied der damaligen Zeit; eine Klarinette; einen mit Blütenprägung verzierten Ledergürtel und das Mitgliederverzeichnis der Freimaurerloge von North Buffalo, in dem Howard Irwins Name steht. Irwins Freund Henry Sutehall jr. überlebte die Reise, die ihn nach Hause bringen sollte, nicht.

Der Erste-Klasse-Salon der *Titanic* war der Treffpunkt für viele der reichen Passagiere.

AMERICA • GLASGOW

Alice und ihrem zehnjährigen Bruder Denis auf dem Weg in die Ferien war. Das Quartett hatte beschlossen, den Ärmelkanal auf der *Titanic* zu überqueren, dem „größten, sichersten, solidesten Schiff, das es gab".

Als sich langsam die Dunkelheit über die französische Küste senkte, strahlte die vom Bug bis zum Heck herrlich beleuchtete *Titanic* wie eine auf dem Meer schwimmende Stadt. „Ihre Silhouette aus Licht war wunderbar", erinnerte sich ein Beobachter später, „und jedes Bullauge glänzte wie ein Stern." Zehn Minuten nach acht verließ die herrliche *Titanic*, die Königin des Meeres, den Hafen von Cherbourg. Sie lag stabil im Wasser, denn auf Grund der großen Masse konnte ihr der Seegang nicht viel anhaben. Die von unwahrscheinlichem Luxus umgebenen und allseits umsorgten Passagiere unterhielten sich, frischten Bekanntschaften auf oder erfreuten sich an einem Orchesterkonzert. Schließlich machten sie sich fertig für ihre erste Nacht auf See und ließen sich von der ruhigen Fahrt des größten Schiffes der Welt in den Schlaf wiegen. Am Morgen des 11. April, ein Donnerstag, war wieder Land in Sicht. Die *Titanic* fuhr ihren letzten Zwischenstopp an, Queenstown (heute Cork) an der zerklüfteten irischen Küste, und ging etwa zwei Meilen außerhalb des Hafens vor Anker. Sie nahm weitere 7 Zweite-, 113 Dritte-Klasse-Passagiere sowie 194 Postsäcke an Bord. Einige Reisende verließen in Queenstown das Schiff, darunter der 24jährige Feuerwehrmann John Coffey, der sich unter einem Stapel leerer Postsäcke an Land schmuggelte. „Mir gefällt dieses Schiff immer noch nicht ... Es ist mir nicht geheuer", schrieb Chief Officer Wilde in einem Brief an seine Schwester, den er in Queenstown aufgab.

▲ Passagiere der Zweiten Klasse besichtigen das Deck der *Titanic*. Links: In Queenstown wurden 120 Zweite- und Dritte-Klasse-Passagiere sowie 194 Postsäcke an Bord genommen. Neben Post beförderte die *Titanic* auch ein Auto, das in einer Frachtkiste verpackt war.

Für den Journalisten W. T. Stead und die meisten anderen Passagiere an Bord hatte die *Titanic* hingegen überhaupt nichts an sich, was sie auch nur im geringsten beunruhigte. Sie war ein Vergnügungspalast, „ein gewaltiges schwimmendes Babylon" voller Genüsse und Verlockungen. Am frühen Nachmittag des 11. April, um 13.30 Uhr, ertönte die Dampfpfeife wieder dreimal, und das gigantische Schiff begab sich mit 1321 Passagieren und 908 Besatzungsmitgliedern an Bord hinaus auf das offene Meer. Der blau-grüne Ozean war glatt, und am Morgen nach der Abfahrt aus Queenstown, so notierte es Lehrer Beesley, „ging die Sonne hinter uns an einem Himmel voller runder Wolken auf ... Es war ein wundervoller Anblick für jemanden, der vorher noch nie den Ozean überquert hat ..." Man konnte sich keine ruhigere, erholsamere Jungfernfahrt vorstellen. Manche Passagiere vertrieben sich die Zeit mit Lesen, Briefeschreiben und Spaziergängen an Deck. Andere spielten Bridge oder Poker, erfreuten sich an den Konzerten des Orchesters oder genossen den Kaffee im Café Parisien. „Ich fühlte mich genauso wohl", schrieb Colonel Gracie, „wie in einem Sommerpalast am Strand, umgeben von allem Komfort – und es deutete überhaupt nichts darauf hin, daß wir uns auf dem stürmischen Atlantischen Ozean befanden." Das Meer war so ruhig, daß die meisten auch die reichhaltigen und auserlesenen Speisen genießen konnten, die in den Speisesälen der Ersten und Zweiten Klasse serviert wurden. Auch die Dritte-Klasse-Passagiere konnten sich nicht beklagen – man sagte, ihr Essen sei so gut gewesen wie das der Ersten Klasse auf älteren Schiffen. Viele vergnügten sich bei Ballspielen an Deck und tanzten zu den

TITANIC

SCHRECKEN AUF SEE

Ein Opern- oder Fernglas, das in der Nähe des Wracks der *Titanic* gefunden wurde. Links: Viele Schiffe meldeten, daß die Schiffahrtsrouten des Nordatlantik im April 1912 von Treibeis blockiert waren.

DAS MEER WAR SPIEGELGLATT am Sonntag, den 14. April, dem vierten Tag der *Titanic* auf See. Schon vor dem Frühstück genossen Spaziergänger den klaren, kühlen Morgen an Deck, ungeachtet des frischen Windes. Für andere begann der Tag in der Wärme und im Komfort der Gemeinschaftsräume des großen Schiffes oder im Turnsaal, wo sie von T. W. McCawley erwartet wurden, dem Gymnastiklehrer, untadelig wie immer in seiner blütenweißen Sportkleidung. Etwas später, um 10.30 Uhr, versammelten sich Passagiere aus allen Klassen im Speisesaal der Ersten Klasse zum Gottesdienst. Kapitän Smith selbst stand der Bordgemeinde vor, er las aus dem eigenen Gebetbuch der White Star Line. Ein kleines, aus fünf Musikern bestehendes Orchester unter Leitung von Wallace Hartley begleitete die Choräle. Obwohl die Vorschriften besagten, daß dem Sonntagsgottesdienst eine Rettungsbootübung für Passagiere und Besatzung zu folgen hätte, verzichtete Kapitän Smith am ersten Sonntag der *Titanic* auf See auf diese Formalität. Stattdessen hatten die Passagiere noch eine Ruhepause vor dem üppigen Mittagessen. Viele hatten sich schon an die Abläufe an Bord gewöhnt und genossen die Reise als ununterbrochene Folge von Dinnerparties, Bridgeparties, Tanzveranstaltungen und anderen Zerstreuungen sowie reichhaltigen Mahlzeiten. „Die Tage vergingen viel zu schnell", erinnerte sich Mrs. René Harris, eine Passagierin der Ersten Klasse. „Ich hatte das Gefühl, es würde bis zum Ende der Zeit so weitergehen."

Im Funkraum der *Titanic* herrschte indessen alles andere als gelassene Routine. Die beiden Marconisten des Schiffes, John Phillips und sein Assistent Harold Bride, empfingen und verschickten Unmengen privater Telegramme, die für die reichen Passagiere der *Titanic* den Ozean überquerten. Sie waren auch immer noch dabei, jene Telegraphieraufträge abzuarbeiten, die am Freitagabend liegengeblieben waren, als das Funksystem des Schiffes zusammengebrochen war. Immer wenn sich aus dem Stottern und Summen der Morsezeichen eine von einem anderen Schiff durchgegebene Sicherheits- oder Navigationswarnung ergab, unterbrachen Phillips und Bride die Übermittlung persönlicher Nachrichten und informierten den Kapitän und die Schiffsoffiziere. Sie erhielten eine ganze Reihe solcher Navigationswarnungen an jenem Sonntag. Um neun Uhr morgens hatte die *Caronia* signalisiert: „Berge, Growlers und Feldeis 42° bis 51° W." Diese Mitteilung war an den Kapitän auf der Brücke weitergeleitet worden, dieser wiederum hatte sie für seine Offiziere angeschlagen. Kurz vor Mittag, um 11.40 Uhr, gab die *Noordam* an die *Titanic* durch: „Viel Eis." Und um 13.42 Uhr kam von der *Baltic* die Warnung: „Eisberge und große Mengen Feldeis auf 41° 51' N, 40° 52' W." Das war eine Position, die sich nah an der Route der *Titanic* befand. Auch diese Warnung wurde an den Kapitän durchgegeben. Smith leitete sie daraufhin an seinen Arbeitgeber weiter, J. Bruce Ismay, der die Jungfernfahrt der *Titanic* persönlich beaufsichtigte. Ismay steckte den Zettel ohne Kommentar ein, bevor er sich zum Mittagessen begab. Später zog der White-Star-Chef ihn beiläufig wieder aus der Tasche, um ihn einigen Passagieren zu zeigen. Auf seine Bemerkung, die *Titanic* nähere sich Eis, entgegnete Mrs. Arthur Ryerson: „Ich nehme an, Sie werden jetzt das Tempo drosseln." Wie sie sich später erinnerte, erwiderte Ismay: „Oh, nein. Im Gegenteil, wir werden sie sehr viel schneller fahren lassen und dem Eis dadurch entgehen." Drei Minuten nach 17 Uhr fingen Phillips und Bride eine weitere Warnung auf; sie kam vom Liner *Amerika*, der in Richtung Osten unterwegs war: „Zwei Eisberge auf 41° 27' N, 50° 8' W am 14. April."

Für die meisten an Bord war das einzige Anzeichen für die sich verändernden Bedingungen der plötzliche Temperaturabfall am späten Nachmittag. Gegen 17.30 Uhr hatte die Luft begonnen, sich rapide abzukühlen, und die Passagiere verließen die Deckstühle, um sich ins warme Schiffsinnere zu begeben. Einige entschieden sich für die Annehmlichkeiten des Salons, in dem Mitglieder der Schiffskapelle Walzer von Strauß und Melodien von Gilbert und Sullivan spielten. Andere nahmen Tee und Toast ein, spielten Patience oder bummelten über die verglasten Promenaden des Schiffes. In der Bibliothek vertrieb sich Lawrence Beesley die Zeit mit dem Ausfüllen seines Gepäckdeklarationsformulars. Er schaute sich auch die Quittung – Nr. 208 – an, die er vom Zahlmeister für seine Wertsachen, einen Umschlag mit Bargeld, bekommen hatte. Unten, im Zwischendeck, verbrachten die Auswanderer den zunehmend kalten Nachmittag mit Kartenspielen im Rauchzimmer und Tanzen im Aufenthaltsraum der Dritten Klasse. Draußen fiel die Temperatur weiter rasch ab, um 19.30 Uhr lag sie nur noch ganz knapp über dem Gefrierpunkt. Um 20.40 Uhr beauftragte der Zweite Offizier Lightoller, dem die ungewöhnliche Kälte Sorgen machte, den Schiffszimmermann, nach dem Frischwasservorrat zu sehen, da er befürchtete, dieser könnte einfrieren.

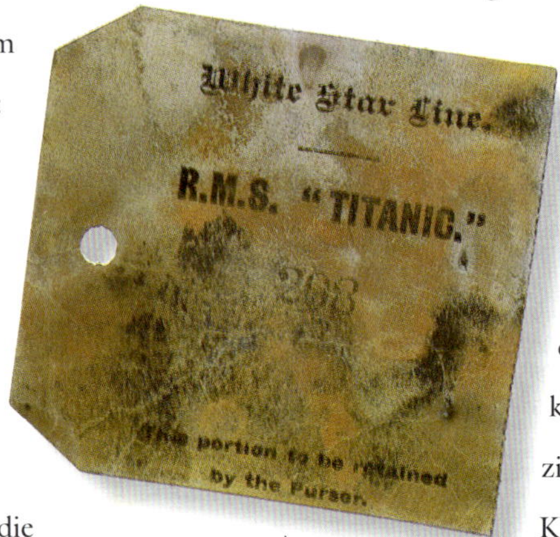

Lawrence Beesley (oben) erinnerte sich, am letzten Tag der *Titanic* die Quittung Nr. 208 für seine Wertsachen betrachtet zu haben. Die andere Hälfte dieser Quittung, die beim Zahlmeister verblieben war, wurde 1987 auf dem Meeresgrund gefunden.

▲ **E**in unbekannter Funker in einem Marconi-Telegraphenraum an Bord eines Schiffes. So ähnlich sah wahrscheinlich auch der Funkraum der *Titanic* aus. 1912 verfügten bereits alle Nordatlantik-Passagierschiffe über die Technik für die drahtlose Telegraphie.
Rechts: Die beiden Funker der *Titanic,* John Phillips und Harold Bride, waren Beschäftigte der Marconi-Gesellschaft, wurden aber von der White Star Line bezahlt.

Vor dem Abendessen suchte Kapitän Smith nach Ismay und fand ihn schließlich im Rauchsalon der Ersten Klasse. Er bat darum, ihm den Zettel mit der Eiswarnung der *Baltic* zurückzugeben, damit er ihn im Navigationsraum für die Offiziere aushängen konnte. Inzwischen erhielten Phillips und Bride weitere Eiswarnungen. Um 19.30 Uhr fingen sie einen Funkspruch von der in der Nähe befindlichen *Californian* auf: „42° 3' N, 49° 9' W. Drei große Eisberge 5 Meilen südlich von uns." Von dieser Navigationswarnung wurde Kapitän Smith allerdings nicht in Kenntnis gesetzt, da er bei einer von den Wideners im Restaurant gegebenen Dinnerparty gerade als Ehrengast gefeiert wurde. Die Stimmung der Anwesenden, so erinnerte sich später ein Erste-Klasse-Passagier, „war sehr ausgelassen, und an den Nachbartischen schloß man Wetten darüber ab, wann diese Rekordfahrt zu Ende sein würde ... Mr. Ismay sagte, daß das Schiff ganz zweifellos einen Rekord aufstellen würde." Nach dem Dinner genoß Kapitän Smith eine Zigarre; andere Passagiere nahmen einen Kaffee im Wintergarten, wo sie das Orchester mit romantischer Musik aus Hoffmanns Erzählungen unterhielt.

Später richteten sich die Passagiere auf einen weiteren ruhigen Abend auf See ein. Viele prominente Männer aus der Ersten Klasse – darunter Major Butt, Francis Millet, John Thayer, Colonel Gracie und George Widener – zogen sich in den komfortablen Rauchsalon zurück, wo sie über Politik diskutierten und von ihren Reisen und Abenteuern erzählten. Im Speisesaal der Zweiten Klasse versammelten sich einhundert Passagiere, um unter Leitung von Reverend E. C. Carter Kirchenlieder zu singen, und im Zwischendeck saßen Auswanderer in kleinen Gruppen zusammen und sprachen über das Land ihrer Träume und das neue Leben, das sie dort beginnen würden und das nur noch drei kurze Tage entfernt war. „Alle meine Gefährten", erinnerte sich Dritte-Klasse-Passagier Abraham Hyman, „waren sehr froh, daß die Reise langsam zu Ende ging."

Dagegen verbrachte der Konstrukteur der *Titanic*, Thomas Andrews, den Großteil des Abends allein in seiner Kabine. Er studierte Pläne des Schiffes und wertete die ersten vier Tage auf See aus, indem er sich Notizen machte über Veränderungen, die vorgenommen werden sollten. Kein Detail war Andrews' Aufmerksamkeit entgangen, von der übermäßig großen Zahl von Schrauben an den Hutablagen in den Luxuskabinen bis zur Farbe des Kieselputzes auf den Privatdecks. Am gleichen Tag hatte Andrews einem Freund anvertraut, er glaube, die *Titanic* sei fast „so vollkommen, wie menschliche Hirne sie machen können". Während der Konstrukteur weiter über seinen Notizen saß, beschloß der 17jährige Passagier Jack Thayer, Sohn des Vize-Präsidenten der Pennsylvania Railroad, sich auf dem Bootsdeck die Beine zu vertreten. Er spazierte in der nordatlantischen Kälte unter den Sternen umher und war fasziniert von der großartigen Schönheit der Nacht. Später erinnerte er sich: „Es war eine helle Nacht mit vielen Sternen. Es gab keinen Mond, und ich habe die Sterne niemals heller scheinen sehen; sie schienen aus dem Himmel herauszuragen und glitzerten wie Diamanten ... Es war die Art von Nacht, in der man glücklich ist, am Leben zu sein."

Kurz vor neun Uhr verabschiedete sich der Kapitän von der Dinnergesellschaft und schaute auf der

▲ Zu den prominenten Passagieren der *Titanic* zählten John B. Thayer, Vizepräsident der Pennsylvania Railroad (oben); Colonel Archibald Gracie (links oben); der frühere Kriegskorrespondent Francis D. Millet (links unten) und George Widener, ein Mitglied der reichsten Familie von Philadelphia (rechts oben). Gegenüberliegende Seite: Der Chef der White Star Line, J. Bruce Ismay, war ebenfalls an Bord. Nur Ismay und Gracie überlebten.

Brücke vorbei, wo er Lightoller einschärfte, ihn sofort zu informieren, wenn Nebel aufkommen sollte. Die *Titanic* fuhr mit 22,5 Knoten, einer Geschwindigkeit, die sie auf dieser Jungfernfahrt noch nie erreicht hatte. „Wenn irgendwelche Bedenken aufkommen", warnte der Kapitän, „lassen Sie es mich sofort wissen. Ich bin drinnen." Abgesehen von der immer noch fallenden Temperatur war die Nacht vollkommen. Es war windstill, wie sich Vollmatrose Joseph Scarrett erinnerte; „das Meer war still wie ein See ... Alle waren guter Stimmung, und alles an Bord funktionierte reibungslos."

Um 21.30 Uhr betrug die Wassertemperatur allerdings nur noch –0,5 °C. Hoch oben im Krähennest waren die beiden Ausguckposten Frederick Fleet und Reginald Lee der bitterkalten Luft ausgesetzt, während sie Ausschau hielten nach Eis, wie es ihnen befohlen worden war. Am besten konnte man einen Eisberg aus der Entfernung an dem Ring von weißem Schaum erkennen, der durch sich am Eis brechende Wellen entsteht und bei Wind und Seegang deutlich zu sehen ist. Doch heute nacht war die Wasseroberfläche vollkommen glatt. In der Luft lag aber ein seltsamer, klammer Geruch. „Dem Geruch nach zu urteilen", hatte ein Ausguck der vorangegangenen Schicht angemerkt, „ist Eis in der Nähe." Und tatsächlich gingen ständig weitere Eiswarnungen über Funk ein. Um 21.40 Uhr hatte die *Mesaba* telegraphiert: „Meldungen über Eis auf 42° 25' N Breite, 49° bis 50° 30' W Länge. Viel schweres Packeis und viele große Eisberge gesehen; auch Feldeis." Phillips zeichnete diese Meldung pflichtbewußt auf; seine Aufmerksamkeit konzentrierte sich jedoch auf den großen Stapel privater Mitteilungen, die er nun endlich abschicken konnte, da die *Titanic* jetzt in Reichweite der Marconi-Station auf Cape Race in Neufundland war. Er legte die Eiswarnung zur Seite, unter einen Briefbeschwerer. Er wollte sie zur Brücke bringen, wenn es seine Zeit erlaubte. Um 23.00 Uhr lag sie aber immer noch auf dem Tisch. Zu diesem Zeitpunkt unterbrach ein in der Nähe befindliches Schiff, die *Californian*, Phillips beim Morsen, um mitzuteilen, daß sie vollkommen von Eis umgeben war. Ungehalten über die Störung funkte Phillips zurück: „Ruhe. Ruhe. Ich habe zu tun. Ich bin in Kontakt mit Cape Race." Nach dieser Zurechtweisung schaltete der erschöpfte Marconi-Funker der *Californian* seinen Empfänger ab und ging schlafen.

▲ Zwischen den Kessel- und Maschinenräumen des Schiffes befanden sich massive wasserdichte Türen, die von der Brücke elektrisch gesteuert wurden. Oben: Die große Glocke, die sich unten am Vormast befand, wurde 1987 aus dem Trümmerfeld geborgen. Folgende Seite: Diese einen Monat nach der *Titanic*-Katastrophe veröffentlichte Illustration stellt dar, wie ein Eisberg ein Schiff regelrecht aufschlitzt, eine irrige, aber damals weitverbreitete Annahme.

***

Es ging auf 23.40 Uhr zu. Die Stewards löschten die Lichter in den Gemeinschaftsräumen der *Titanic*, die sich langsam leerten, und auch die letzten geselligen Runden lösten sich schließlich auf. Die meisten Passagiere hatten sich schon auf den Weg in ihre Kabinen gemacht. In den Salons und Korridoren wurde es still, während das große Schiff seine schnelle Fahrt durch die helle, mondlose Nacht fortsetzte. Doch oben im Krähennest war Frederick Fleet zunehmend beunruhigt durch einen seltsamen Dunst, den er direkt vor sich am Horizont erspähte. Er und Lee versuchten verzweifelt, mit bloßem Auge zu erkennen, was sich da vor ihnen befand; die Ferngläser, die im Ausguck hätten sein sollen, waren aus unerfindlichen Gründen verschwunden. Plötzlich läutete Fleet dreimal die Warnglocke und telefonierte mit der Brücke. Aufgeregt stammelte er in das Mundstück:

Draußen amüsierten sich einige Zwischendeckpassagiere damit, Fußball mit den Eisbrocken zu spielen, die auf dem Deck lagen, und einige Erste-Klasse-Passagiere verabredeten sich lachend zur Schneeballschlacht am nächsten Morgen. Drei französische Passagiere hatten Bridge mit einem Mr. Smith aus Philadelphia gespielt, als „plötzlich eine riesige Eismasse gegen die Bullaugen drückte“. Unmittelbar nach dem Zusammenstoß nahmen besessene Spieler ihre zu Boden gefallenen Karten wieder auf und spielten weiter. Im Rauchsalon zeigte einer der Kartenspieler auf sein Whiskyglas und meinte scherzhaft, jemand solle an Deck gehen und Eis für seinen Drink holen.

Es gab jedoch auch Passagiere, denen die Erschütterung Angst machte. Martha Stephenson hatte fest geschlafen, als sie „von einem schrecklichen Zittern und Geräuschen, als würde etwas zerrissen oder zerschnitten“ aufwachte. Sie und ihre Schwester, Elizabeth Eustis, fürchteten sich, doch ihr Steward beruhigte sie mit den Worten: „Nein, es ist nur kalt, gehen Sie wieder zu Bett; es ist überhaupt nichts.“ In den Korridoren liefen viele Menschen halbangezogen herum. Einige hatten schon begonnen, von Rettungsbooten zu sprechen, doch nur wenige nahmen das Ganze ernst. „Wozu brauchen sie Rettungsboote?“ fragte eine Frau und fügte hinzu: „Dieses Schiff könnte hundert Eisberge zertrümmern, und man würde nichts merken. Lächerlich!“ „Es schien für alle selbstverständlich zu sein, daß dem Schiff nichts passiert war“, erinnerte sich Passagier Henry Sleeper Harper. Nachdem sie von Stewards die beruhigende Auskunft bekommen hatten, daß das Schiff seine Reise nach New York lediglich mit zwei Stunden Verspätung fortsetzen würde, gingen einige Passagiere sogar wieder ins Bett.

▲ Dieses Kartenspiel, das 1993 vom Meeresgrund geborgen wurde, befand sich in einem Koffer mit den Sachen von Howard Irwin, der möglicherweise an Bord war. Rechts: In der Dritten Klasse bemerkte Passagier Carl Jonsson, daß das Wasser schon kurz nach dem Zusammenstoß knöchelhoch gestiegen war. Er überlebte.

Es gab keinen allgemeinen Alarm, doch bald ertönte der Ruf: „Alle Passagiere an Deck, vorher Rettungswesten anlegen.“ Die Passagiere, die sich in unterschiedlichen Stadien des An- oder Ausgezogenseins befanden, einige waren barfuß oder nur in Strümpfen, zogen gehorsam die sperrigen Rettungswesten über bodenlange Abendkleider und Lederjacken, Kimonos und hastig über Nachthemden gezogene Pelzmäntel. Helen Churchill Candee sprach später „von einem Kostümball in Dantes Hölle“. Lawrence Beesley zog in weiser Voraussicht eine warme Norfolk-Jacke über, legte die Schwimmweste an und steckte zwei Bücher, die er gerade gelesen hatte, in die Seitentaschen; Steward James Johnson steckte sich vier Orangen ins Hemd. Die Menge begab sich – wortlos, geordnet und ruhig – über die große Freitreppe nach oben. Einige stellten sich am Büro des Zahlmeisters an, um ihre Wertsachen wieder in Empfang zu nehmen, die vom Personal mit kühler Sachlichkeit ausgeteilt wurden. Auch im Zwischendeck blieben die Passagiere bemerkenswert ruhig, als sie von Offizieren geweckt und aufgefordert wurden, sich an Deck zu begeben. Einigen war aber doch klar, daß etwas Schlimmes passiert sein mußte. „Als ich anfing, mich anzuziehen“, erinnerte sich Dritte-Klasse-Passagier Carl Jonsson, „bemerkte ich, daß Wasser auf meine Füße zukam. Zuerst stieg es ganz langsam, aber nach einiger Zeit stand ich schon bis zu den Knöcheln darin.“

Diese Zeichnung von 1912 trägt den Titel „Wir sehen uns in New York". Ein Mann wirft seiner Frau vom Deck der *Titanic* aus eine Kußhand zu, während Frauen und Kinder in die Rettungsboote steigen.

DRAWN FROM MATERIAL SUPPLIED BY MR. F. M. HOYT, A SURVIVOR.

THE CHIVALRY OF THE SEA: "WOMEN AND CHILDREN FIRST" AFTER THE "TITANIC" DISASTER.

[illegible]E ORDER "ALL MEN STAND BACK AWAY FRO[illegible]ATS. ALL LADIES RETIRE TO THE NEXT DECK BELOW": WOMEN ENTER[illegible] A LI[illegible] DECK OF THE "TITANIC."

[illegible] disaster to the "Titanic" show that [illegible] the women were collected, the women got in quietly, with the [illegible] Mr. Laurence Beesley's narrative. "W[illegible] the order [illegible] leave their husbands. In some cases they were torn fr[illegible] the boats. All ladies retire to the [illegible] below [illegible] into the boats, but in many instances they were allowed

KURZ NACH MITTERNACHT befahl Kapitän Smith, die sechzehn Rettungsboote und vier faltbaren Hilfsrettungsboote klarzumachen – wobei ihm völlig klar war, daß diese nur zur Evakuierung der Hälfte der an Bord befindlichen Passagiere und Besatzungsmitglieder ausreichten. Vor der Ausfahrt aus Southampton hatte die Crew nur eine, noch dazu nicht sehr gründliche Rettungsbootübung durchgeführt: jetzt taten die Matrosen ihr Bestes, um die Boote vorzubereiten und abzusenken und die Befehle des Kapitäns auszuführen. Die riesige *Titanic* lag seltsam still auf dem Wasser, diese Stille wurde nur durch den Höllenlärm unterbrochen, der entstand, als Dampf abgelassen wurde, um den Druck in den Kesseln zu verringern. Das war ein Geräusch wie von „zwanzig Lokomotiven, die mit einem tiefen Ton Dampf ablassen", und jegliche Unterhaltung wurde nahezu unmöglich. Trotzdem, so erinnerte sich Beesley, gab es „keine Anzeichen von Furcht, bei niemandem: nichts deutete auf Panik oder Hysterie hin; keine Angstschreie, und kein Hin- und Hergerenne, um zu sehen, was los war, warum wir mit den Rettungswesten an Deck beordert worden waren und was nun, da wir dort angekommen waren, mit uns geschehen würde."

Bald darauf rief Lightoller dem Kapitän zu, er bitte um Erlaubnis, die Boote mit Frauen und Kindern zu besetzen. Kapitän Smith nickte sein Einverständnis, dann zog er sich in den Funkraum zurück. Die Besatzung mühte sich redlich, die Passagierinnen zum Besteigen der Rettungsboote zu bewegen, doch viele Frauen zögerten, weil sie ihre Männer und das angeschlagene Schiff nicht verlassen wollten. Immerhin, so erklärte Beesley später, lag das Wasser „unheimlich weit unter uns in der Dunkelheit, die See und die Nacht schienen unheimlich kalt und einsam zu sein; und hier war das Schiff, so stark und hell erleuchtet und warm." Auf dem Promenadendeck sah Steward Arthur Lewis drei Damen Arm in Arm spazierengehen und drängte sie, sich in die Rettungsboote zu begeben, doch sie antworteten: „Wir haben keine Angst, Steward, das Schiff kann gar nicht sinken, und wir wollen nicht in einem dieser kleinen Boote untergehen." Die Passagiere glaubten, so Mr. D. H. Bishop, „daß es keine Gefahr gab, und das allgemeine Empfinden war, daß sich diejenigen, die in den Booten saßen, lächerlich machten und außerdem den Schaden hatten, denn sie würden das Boot in einigen Stunden zurückrudern müssen." Auch einige Stewards hatten offenbar den Ernst der Lage nicht begriffen, denn sie deckten in den Speisesälen die Frühstückstische. Die Schiffskapelle, einige Mitglieder in blauen, andere in weißen Jacketts, spielte „Great Big Beautiful Doll", „Alexander's Ragtime Band" und andere heitere Stücke im schnellen Rhythmus. Es herrschte das „Gefühl, alles sei nur ein Traum ... daß die Leute, die auf den Decks umhergingen oder sich gegenseitig die Rettungswesten zubanden, Schauspieler in einer Szene waren ... daß der Traum bald enden würde und es Zeit zum Aufwachen wäre ..."

Schließlich wurden viele Frauen von Besatzungsmitgliedern regelrecht in die Rettungsboote getragen. Ihre Ehemänner gaben ihnen einen raschen Abschiedskuß, in der Erwartung, ihnen in einem der nächsten Rettungsboote zu folgen oder sie in New York wiederzusehen. Während es auf der Backbordseite

▲ Auf der Rückseite dieser in Queenstown aufgegebenen Postkarte schrieb ein Auswanderer an seine Liebste: „Heute, am Donnerstag, fahre ich mit der *Titanic* auf ihrer Jungfernfahrt nach New York, ihrer ersten Fahrt über den Atlantik. Auf Wiedersehen. In Liebe, Patrick Dooley." Dooley kam bei der Katastrophe um. Der Augenzeugenbericht eines Überlebenden, Mr. F. M. Hoyt, inspirierte die Illustration auf der linken Seite. Frauen und Kinder werden in einem Rettungsboot auf das Wasser gelassen. Unten links: Diese Schwimmweste eines Opfers wurde von der Besatzung der *Mackay-Bennett* aufbewahrt nur Frauen und Kindern gestattet wurde, die Boote zu besteigen, kletterten auf der Steuerbordseite auch Männer hinein, wenn keine Frauen in der Nähe waren. Auf beiden Seiten des Schiffes wurden allerdings nur wenige Rettungsboote auch nur annähernd voll beladen. Zunächst weigerten sich die Offiziere, die Anzahl der Plätze auszuschöpfen, da sie fürchteten, die Boote würden beim Abfieren unter dem Gewicht kippen. Henry Harper erinnerte sich, mit seinem Pekinesenspaniel Sun Yat Sen auf dem Arm in eines der Boote gestiegen zu sein. „Es schien eine Menge Platz zu sein", sagte er, „und niemand hatte irgendetwas dagegen."

Um 0.45 Uhr wurde Rettungsboot 7, das 65 Menschen aufnehmen konnte, mit gerade einmal 28 Personen an Bord abgefiert. Zur gleichen Zeit begann Steuermann George Rowe damit, alle fünf bis sechs Minuten Notraketen abzufeuern. Erst da dämmerte es vielen Passagieren, daß sie wirklich in Gefahr waren. Im Speisesaal der Dritten Klasse hatte sich eine Gruppe Passagiere, viele mit Rosenkränzen in den Händen, zum Beten zusammengefunden. Als Rettungsboot 5 voll beladen zum Wasser hinabgelassen wurde, sprangen vier Männer einfach noch hinein. Einer von ihnen, der weit über 100 kg wog, landete dabei auf einer Frau. Sie verlor durch den Aufprall das Bewußtsein und brach sich zwei Rippen.

Viele andere jedoch ließen sich nicht von Panik übermannen. Isidor und Ida Straus kamen in die Nähe des Rettungsbootes 8, das gerade beladen wurde. Mr. Straus kündigte an, er werde kein Boot besteigen, bevor nicht alle Frauen und Kinder sicher vom Schiff gebracht worden seien. Mrs. Straus wiederum weigerte sich, ihren Mann zu verlassen und sagte: „Wir haben so viele Jahre zusammen verbracht, und wo du hingehst, da will auch ich hingehen." Nachdem sie ihrer Zofe ihren Pelzmantel überlassen und diese das Boot bestiegen hatte, setzten sie und ihr Mann sich hin und beobachteten, wie sich die Rettungsboote füllten. Benjamin Guggenheim und sein Diener Victor Giglio legten ihre Rettungswesten ab und zogen elegante Abendanzüge an, bevor sie an Deck zurückkehrten. Guggenheim sagte einem Steward: „Ich denke, es ist mehr als zweifelhaft, daß die Männer hier wegkommen. Ich bin bereit, zu bleiben und Tapferkeit zu beweisen, wenn es nur genug Boote für die Frauen und Kinder gibt. Ich werde hier nicht wie ein Tier sterben. Sagen Sie meiner Frau ... ich habe mich tapfer gehalten, bis zum Ende. Keine Frau soll an Bord dieses Schiffes bleiben müssen, nur weil Benjamin Guggenheim ein Feigling ist." Major Butt und Frank Millet beschlossen, sich in den Rauchsalon der Ersten Klasse zurückzuziehen, wo sie sich an einen Tisch setzten und ein letztes Mal Karten spielten, bevor das Schicksal seinen Lauf nahm.

▲ Etwa 0.45 Uhr begann Steuermann George Rowe mit dem Abschießen von Notraketen. Aller fünf bis sechs Minuten stieg eine solche Rakete in den Himmel. Kein Schiff reagierte auf die Signale. Rechts oben: Der Erste-Klasse-Passagier Benjamin Guggenheim und sein Diener legten elegante Abendkleidung an, bevor sie mit dem Schiff untergingen.

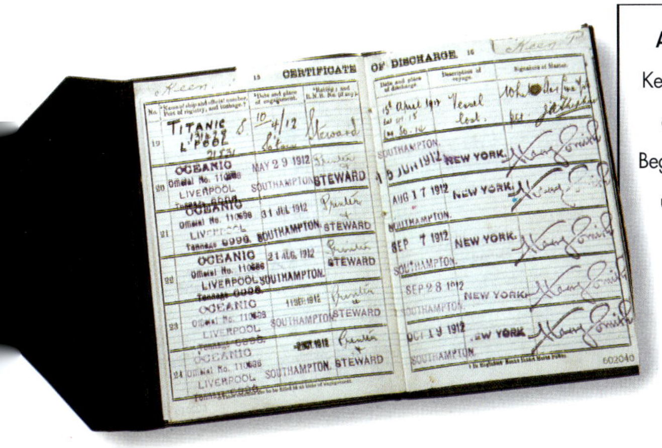

◄

Aus dem Abmusterbuch von *Titanic*-Steward Percy Keene geht hervor, daß er rückwirkend zum 15. April ohne Heuer aus dem Dienst entlassen wurde. Die Begründung lautete: „Schiff verloren." Keene überlebte und ging im darauffolgenden Monat an Bord der *Oceanic* wieder auf See.

▲

Um 2.17 Uhr stieg das riesige Heck der *Titanic* aus dem Wasser (oben und folgende Seiten). Es erreichte eine fast senkrechte Position, bevor es im Meer verschwand. In den Rettungsbooten hörten die Passagiere einen grauenvollen Laut, als der gesamte Inhalt des Schiffes nach vorn stürzte. Einige Überlebende berichteten, daß das Schiff auseinanderzubrechen begann.

Immer noch legten die Rettungsboote nur teilweise gefüllt vom Schiff ab. Um 1.10 Uhr wurde Boot 1, das 40 Personen aufnehmen konnte, mit nur 12 Menschen an Bord abgefiert. Dagegen war Boot 13 fast vollständig gefüllt. Lawrence Beesley war gestattet worden, einzusteigen, nachdem alle in der Nähe befindlichen Frauen und Kinder im Boot saßen. Der langsame Abstieg, so erinnerte sich Beesley, war ein Abenteuer: „Es war aufregend, das langsame und ruckweise Absinken des Bootes zu spüren, ... faszinierend, den schwarzen Rumpf des Schiffes auf der einen Seite zu sehen und die See, 70 Fuß unter uns, auf der anderen, und sich an den hell erleuchteten Kabinen und Salons vorbei nach unten zu bewegen." Auf den ebenfalls in diesem Boot sitzenden Ersten Heizer Fred Barrett, wirkte die unwirklich still daliegende *Titanic* wie „ein großes erleuchtetes Theater". Die zwölfjährige Ruth Becker war ebenfalls an Bord von Rettungsboot 13. Als das Boot vom Schiff weggerudert wurde, so erinnerte sie sich später, „konnten wir das Wasser sehen, das in das Schiff eindrang. Als wir wegruderten und die *Titanic* anschauten, war das ein wundervoller Anblick, ihre Silhouette vor dem Sternenhimmel, jedes Bullauge und jeder Salon strahlend vom Licht. Es war unmöglich, sich vorzustellen, daß irgendetwas mit solch einem riesigen Schiff nicht in Ordnung sein könnte, wäre da nicht diese Neigung nach vorn in Richtung Bug gewesen."

Als der vordere Teil des Schiffes immer tiefer sank, breitete sich die Angst auf der *Titanic* aus. Fünf Minuten nach dem Abfieren von Boot 13 versuchten Passagiere, in Panik Boot 14 zu stürmen, in dem schon 60 Menschen saßen. Um diesen Versuch zu unterbinden, mußte Offizier Lowe seine Pistole ziehen und drei Warnschüsse nach unten abgeben. Einem Jungen war es allerdings gelungen, ins Boot zu springen. Er wollte unter einen Sitz kriechen, um sich zu verstecken. Charlotte Collyer und andere Frauen bedeckten ihn mit ihren Röcken, doch Offizier Lowe zog ihn hoch und befahl ihm, auszusteigen. Dabei drohte er ihm mit seinem Revolver. Der Junge verließ das Boot vor den Augen der schluchzenden Frauen.

Obwohl der Kapitän befohlen hatte, daß einige der Boote in der Nähe des Schiffs bleiben sollten, wurden die meisten schnell weggerudert, aus Angst, der Sog des sinkenden Schiffes würde sie mit in die Tiefe reißen. Die Passagiere, die inmitten der unendlichen See in den winzigen Rettungsbooten saßen, sahen, wie die Lichter der *Titanic* in einem grotesken Neigungswinkel strahlten und wie um 1.15 Uhr der Bug untertauchte. An Bord des sinkenden Schiffes, wo das Wasser langsam, aber unaufhaltsam stieg, half der Gymnastiklehrer – so unglaublich es klingen mag – immer noch Passagieren bei der Benutzung der mechanischen Sportgeräte. Das Orchester spielte immer noch Walzer, Ragtime und Varietémelodien, um die Menschen abzulenken, und im Rauchsalon der Ersten Klasse wurden die letzten Drinks „auf Kosten des Hauses" angeboten.

▲ Zwei kleine Jungen, der dreijährige Michel (links) und der zweijährige Edmond, waren mit ihrem Vater an Bord gegangen, der unter dem Namen „M. Hoffman" reiste. Als die *Titanic* sank, wickelte der Vater die Kinder in eine Decke und gab sie in die Obhut einer Frau in einem der Rettungsboote. In New York kümmerte sich eine Überlebende, Margaret Hays, um sie, bevor sie wieder mit ihrer Mutter, Marcelle Navratil, zusammengeführt wurden (oben). Wie sich herausstellte, hatte ihr Vater, Michel Navratil, die Jungen während des Scheidungsverfahrens entführt und sie unter dem Namen „Hoffman" an Bord der *Titanic* gebracht. In einem Interview, das Michel 1996 im Alter von 68 Jahren gab, erzählte er von der unangenehmen Erfahrung, in einen Sack gesteckt und an Bord der *Carpathia* gehievt zu werden.

Unter Deck, in den Kessel- und Maschinenräumen, war die Katastrophe greifbarer in ihrer Realität. Hier hielten die Arbeiter unerschütterlich auf ihren Posten aus, um wenigstens so viel Strom zu erzeugen, daß die Lichter der *Titanic* nicht erloschen und der Funkkontakt nicht abbrach. Im Kesselraum 5 halfen einige Feuerwehrleute zwei anderen Besatzungsmitgliedern, Herbert Harvey und Jonathan Shepherd, die Pumpen zu bedienen, als Shepherd plötzlich in einen Schacht fiel und sich das Bein brach. Der verletzte Ingenieur wurde so gut es ging versorgt, dann gingen die anderen wieder an die Arbeit. Plötzlich ergoß sich Meerwasser in den Raum, da das Schott, das ihn vom Kesselraum 6 trennte, zusammengebrochen war. Die meisten konnten sich über die Notausstiegsleiter retten, doch Shepherd und Harvey kamen in den Fluten um.

Oben an Deck wurde kurz vor 2 Uhr das letzte hölzerne Rettungsboot, Nr. 4, startklar gemacht. John Jacob Astor geleitete seine schwangere Frau ins Boot. Nachdem dem Millionär die Erlaubnis verweigert worden war, bei ihr zu bleiben, half er weiteren Frauen beim Besteigen des Bootes und stand dann winkend an Deck, während das Boot abgesenkt wurde. Es hatte nur noch 4,50 Meter bis zum Wasser zurückzulegen, normalerweise wären es 21 Meter gewesen. Nun verblieben nur noch die faltbaren Hilfsrettungsboote. Nachdem er Passagieren behilflich gewesen war, rettete sich J. Bruce Ismay in Hilfsrettungsboot C, das letzte Boot, das auf der Steuerbordseite zu Wasser gelassen wurde. Und noch waren mehr als 1500 von Angst erfüllte Männer, Frauen und Kinder an Bord der dem Untergang geweihten *Titanic*. Da er die allgemeine Verzweiflung spürte, befahl Lightoller den Matrosen, einen Kreis um das letzte Rettungsboot D zu bilden und nur Frauen und Kinder hindurchzulassen. Ein Franzose, der unter dem Namen „M. Hoffman“ fuhr, übergab seine beiden kleinen Jungen, Michel und Edmond, an die Besatzung, und um 2.05 Uhr legte Hilfsrettungsboot D ab.

Zu diesem Zeitpunkt äußerte der Kapitän den Funkern und anderen Besatzungsmitgliedern gegenüber, sie hätten ihre Pflicht getan und sollten sich nun selbst in Sicherheit bringen. Funker John Phillips blieb jedoch trotzdem auf seinem Posten, ebenso 34 Ingenieure, Klempner, Elektriker und Kesselwärter. An Deck versuchte eine Gruppe von Männern verzweifelt, Hilfsrettungsboot B, das auf dem Deckshaus festgezurrt war, klarzumachen. Ein Mann kletterte an einer Kette oder einem Seil dort hinauf und stand mit ausgestreckten Armen da, als wollte er die Menschen segnen. Im Zwischendeck „bildeten Hunderte einen Kreis um einen Priester und beteten und weinten“. Andere fielen oder sprangen vom Schiff, in der Hoffnung, zu einem der Rettungsboote schwimmen zu können. Um 2.10 Uhr sackte der Bug des Schiffes tiefer ins Wasser, und das Meer überflutete das Deck. „Als der vordere Teil des Schiffes auf einmal schneller sank“, erinnerte sich ein Rettungsbootpassagier, „... rannten die Passagiere auf allen Decks zum Heck. Es war wie eine Welle. Wir konnten die schwarzen Menschenmassen im Zwischendeck zum hinteren Teil des Schiffes eilen und auf den oberen Decks auftauchen sehen.“ Der junge Jack Thayer war

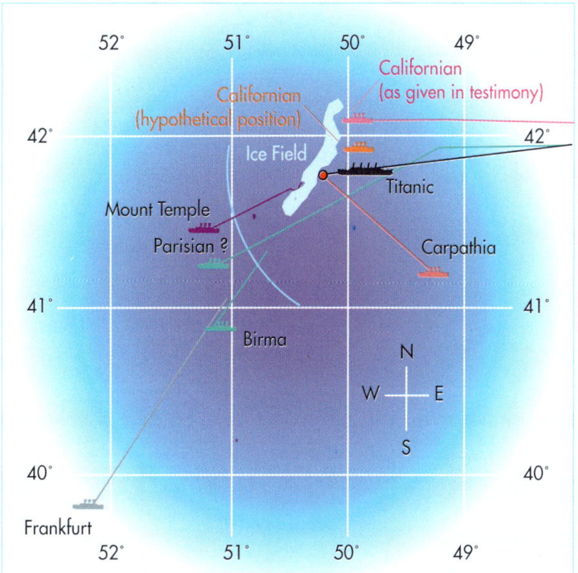

▲
Die *Titanic* war in jener Nacht nicht allein auf dem Nordatlantik. Diese Grafik, die auf Informationen des US-Bundesamtes für Hydrographie und Funkmeldungen beruht, zeigt die Position der *Titanic* und anderer Schiffe, die im Gebiet der Eisfelder unterwegs waren.

ins Wasser gesprungen und hatte sich am umgeschlagenen Behelfsboot B festgeklammert, das über Bord gespült worden war, bevor es ausgesetzt werden konnte. Vom eisigen Wasser aus beobachtete er, wie sich „die fast 1500 Menschen an Bord in kleinen Grüppchen und Bündeln, fast wie Bienenschwärme, irgendwo anklammerten, nur um dann doch in Massen, paarweise oder einzeln hinabzufallen, als der hintere Teil des Schiffes, ungefähr 250 Fuß lang, in den Himmel stieg ..."

An Deck sah J. Collins, einer der Köche, eine weinende Frau mit einem Kind auf dem Arm auf sich zukommen. „Ich nahm der Frau das Kind ab und machte mich auf den Weg zu einem der Boote", erinnerte sich Collins. Sekunden später trug eine riesige Welle das Kind aus seinen Armen fort, und er und die Frau wurden ins Meer gespült. Die Menschen wurden „in einer schrecklichen, verknäulten Masse" zurückgeworfen, wie Lightoller später berichtete. „Diejenigen, die nicht sofort im Wasser untergingen, begannen instinktiv, sich zu dem Teil des Decks vorzuarbeiten, das noch aus dem Wasser ragte, und sich zum Heck zu bewegen." Die Schiffskapelle hatte auch dann noch gespielt, als das Deck immer höher in die Luft stieg. Jetzt entließ Kapellmeister Wallace Hartley seine Musiker, doch keiner von ihnen machte Anstalten zu gehen. Stattdessen spielten sie eine letzte feierliche Melodie, während das Wasser über das Deck schwappte. Manche sagten, es sei „Autumn" gewesen, andere sprachen vom Choral „Nearer My God to Thee".

Wallace Hartley, der Kapellmeister des Schiffes, dirigierte seine Musiker auch weiter, als das Schiff zu sinken begann. Selbst nachdem er sie kurz vor dem Untergang entlassen hatte, blieben sie zusammen und spielten weiter. Hartley und alle übrigen Musiker kamen um. Ganz oben: Eine dem Andenken der Bordkapelle der *Titanic* gewidmete Zeichnung von Henry Hutt.

Um 2.17 Uhr hob sich das Heck der *Titanic* plötzlich steil aus dem Wasser, drehte sich um seine Achse und ragte nun senkrecht empor. Die Lichter des Kolosses gingen aus, flackerten dann aber mit einem geisterhaften roten Glühen noch einmal auf, bevor sie drei Minuten später für immer erloschen. Die Passagiere in den Rettungsbooten hörten einen grauenvollen, erschütternden Laut, als der Inhalt des Schiffes nach vorn stürzte – „teils Brüllen, teils Stöhnen, teils Röcheln, teils Knallen", so als würden „alle schweren Gegenstände, die man sich nur denken kann", von einem Ende des Schiffes zum anderen geschleudert – ein langes, überirdisches Todesächzen, das meilenweit zu hören war. Die riesigen Schiffsschrauben der *Titanic* hingen über dem Wasser, der vordere Schornstein brach unter dem Druck ab und zerquetschte Dutzende Menschen, die im Meer schwammen. Schließlich versank das Schiff langsam im Wasser, mit einem gurgelnden Geräusch, „wie ein sterbendes Tier", Dampf und Ruß hinter sich herziehend. Das einzige, was es am Ende zurückließ, war ein leichter Dunst über einem Meer, das so glatt war wie ein Ölsee.

Als die große *Titanic* sank, fand sich Colonel Gracie in einem Strudel wieder, der ihn tief ins schneidendkalte Wasser zog, das eine Temperatur von –2 °C hatte. Es gelang ihm schließlich, sich zu befreien und an die Oberfläche zu schwimmen. Später berichtete er: „Ich konnte nichts mehr von der *Titanic* sehen ... Da war nur ein leichtes Schmatzen hinter mir, als sich das Wasser über ihr schloß." Gracie erblickte schließlich das umgeschlagene Behelfsboot auf dem sich Jack Thayer, Lightoller

▲

Um 7.00 Uhr am 15. April erreichten die Rettungsboote den Cunard-Liner *Carpathia,* der den um Mitternacht abgesetzten Notruf der *Titanic* gehört hatte und mit voller Kraft durch die Nacht zu ihrer Position gefahren war. Gegen 8.30 Uhr hatte die *Carpathia* alle 705 Überlebenden der *Titanic* an Bord genommen. 1523 Passagiere und Besatzungsmitglieder verloren bei der Katastrophe ihr Leben.

▲
Vor den New Yorker Büros der White Star Line versammelten sich unzählige Menschen, die auf Nachrichten warteten.

▲

In der Nähe der Cunard-Pier in New York kamen Schaulustige zusammen, die einen Blick auf die an Bord der *Carpathia* ankommenden Überlebenden der *Titanic* erhaschen wollten.

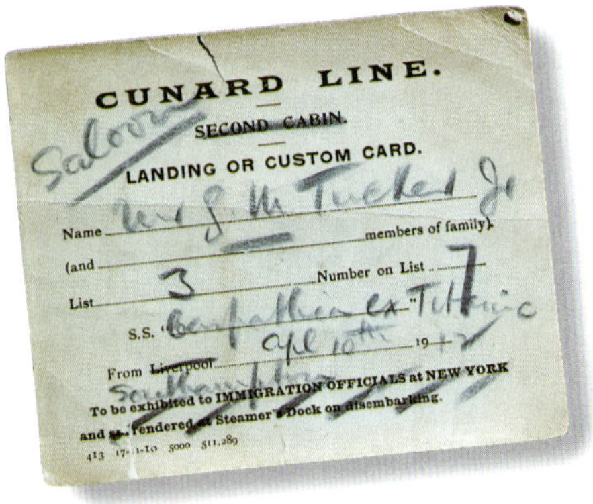
CUNARD LINE.

~~SECOND CABIN.~~ Saloon

LANDING OR CUSTOM CARD.

Name Mr G. M. Tucker Jr members of family)

(and Number on List 7

List 3

S.S. Carpathia ex-Titanic

From ~~Liverpool~~ Southampton apl 10th 1912

To be exhibited to IMMIGRATION OFFICIALS at NEW YORK and surrendered at Steamer's Dock on disembarking.

▲

Am 18. April 1912 legte die Carpathia an Pier 54 in New York an, nachdem sie die Rettungsboote der *Titanic* an den White-Star-Piers 58 und 59 abgesetzt hatte. Die unter Schock stehenden Überlebenden wurden von den Blitzlichtern der Fotografen und weltweiter Aufmerksamkeit empfangen. Links: Diese Landungskarte wurde von der *Carpathia* ausgegeben, um den Überlebenden Gilbert M. Tucker jr. als Passagier der *Titanic* zu identifizieren.

und mehr als ein Dutzend anderer ums Überleben im eisigen Meer kämpfender Männer befanden. Gracie und andere Schwimmer zogen sich hinauf, und bald mußte das halb untergetauchte Boot dreißig Menschen tragen, darunter eine Frau, Mrs. Rosa Abbott aus der Dritten Klasse. Sie war mit ihren beiden Söhnen ins Wasser geworfen worden; die Jungen waren verschwunden, doch ihr war es gelungen, sich auf dem gekenterten Boot in Sicherheit zu bringen. „Wäre nur noch einer mehr gekommen, dann wäre unser ohnehin schon überfülltes Boot versunken", erinnerte sich Gracie; diejenigen, die oben standen, schlugen mit Rudern nach Schwimmern, die versuchten, sich auf das Boot zu ziehen. Einige auf dem Boot hatten Erfrierungen erlitten, und zwei Tote wurden über Bord geworfen. Hunderte andere, die auf sich allein gestellt in der eiskalten See schwammen, schrieen und stöhnten, während sie langsam erfroren. Jack Thayer hörte ihre furchtbaren Schreie wie „einen ununterbrochenen wimmernden Gesang ... wie Heuschrecken in einer Hochsommernacht". Nach und nach verstummten die unerträglichen Schreie, „als einer nach dem anderen der Kälte und den Anstrengungen nicht mehr gewachsen war".

Die Menschen in den nur teilweise gefüllten Rettungsbooten sahen sich diese Szenen eine Stunde lang an, und kein Boot ruderte zurück, um zu helfen. Schließlich, nachdem „die Schreie und Klagen verstummt waren", ließ der Fünfte Offizier Lowe Passagiere aus seinem vollen Rettungsboot 14 in andere Boote umsteigen, und er und Scarrett ruderten zurück, um nachzusehen, ob noch jemand aus dem Wasser gerettet werden konnte. Als sie an die Untergangsstelle kamen, bot sich ihnen ein grauenvolles Bild, wie Scarrett später berichtete. Hunderte von Toten trieben in ihren Rettungswesten auf dem Wasser. Von den vielen Menschen, die sie umdrehten, waren nur vier noch am Leben. „Als erstes zogen wir einen Mann ins Boot. Er starb aber schon kurz darauf. Mit viel Mühe gelang es uns, die anderen drei zu erreichen. Einer von ihnen kniete betend auf etwas, das aussah wie ein Stück von einem Treppengeländer ... Alle Leichen, die wir sahen, schienen erfroren zu sein, denn ihre Gliedmaßen waren vollkommen verkrampft. Als wir von diesem schrecklichen Ort wegruderten, ließen wir unseren Tränen freien Lauf. Es war genug, um auch das härteste Herz zu brechen."

Nur vierzehn Menschen, die mit der *Titanic* untergegangen waren, wurden aus dem Wasser gezogen, und nur die Hälfte von ihnen überlebte. In Rettungsboot 3 riefen Frauen, die von ihren Ehemännern und Vätern getrennt worden waren, die Namen ihrer Lieben, wenn andere Rettungsboote in die Nähe kamen. Sie fragten: „Bist du da drüben?" Ein Passagier erinnerte sich später, daß die Antwort immer „Nein" war.

▲ Überlebende wurden von Passagieren und der Besatzung der *Carpathia* umsorgt und getröstet. Rechts: Eine Medaille, die von den Überlebenden der *Titanic* für die Offiziere und Besatzungsmitglieder der *Carpathia* gestiftet wurde.

Um 4.30 Uhr brach die Dämmerung herein, und man konnte die winzigen Rettungsboote sehen, die zwischen Eisfeldern umhertrieben, umgeben von riesigen Eisbergen, von denen einige so hoch waren wie die *Titanic*. Bei einem davon – das wurde später von einem vorbeifahrenden Schiff aus gesehen – war direkt über der Wasserlinie ein Streifen roter Farbe sichtbar. Das Meer war mittlerweile viel unruhiger, doch für das kleine Häuflein von Booten war endlich Rettung in Sicht. Eines nach dem anderen wurde von dankbaren Menschen zum Cunard-Liner *Carpathia*

gerudert, der nun in Sichtweite kam, nachdem er die Hilferufe der *Titanic* aufgefangen hatte und mit voller Kraft durch die Nacht zu ihrer Position gefahren war. Um 8.30 Uhr hatten sich alle Überlebenden – viele von ihnen klatschnaß, schreckerfüllt und steifgefroren – über Strickleitern auf das Deck der *Carpathia* gekämpft oder waren in Seilschlaufen hochgezogen worden. Die Kinder wurden in Segeltuchsäcke gesteckt und an Bord gehievt. Besatzung und Passagiere der *Carpathia* kümmerten sich rührend um die unter Schock stehenden Überlebenden, und nachdem diese mit warmem Essen, Decken und geborgten Kleider versorgt worden waren, wurde ihnen langsam bewußt, welches Ausmaß die erlittenen persönlichen Verluste hatten. Von den 2228 Passagieren und Besatzungsmitgliedern der *Titanic* wurden nur 705 gerettet; 1523 Männer, Frauen und Kinder – Freunde und Verwandte – waren beim Untergang der *Titanic* umgekommen. Endlich, am Donnerstag, den 18. April, nach drei weiteren angsterfüllten Tagen auf See, beendeten die Zeugen der Katastrophe ihre alptraumhafte Reise in New York, wo man verzweifelt und ungläubig auf Nachricht wartete. Während Reporter und Fotografen noch auf der Pier auf die verwirrten Überlebenden losgingen, nahm die *Mackay-Bennett*, ein Kabelleger aus Halifax in Neuschottland, schon Kurs auf die Stelle, an der die *Titanic* untergegangen war, um Leichen aus dem Meer zu bergen.

▲ Zwei Wochen nach der Katastrophe fand in der New Yorker Metropolitan Opera eine spezielle Wohltätigkeitsaufführung zugunsten der Überlebenden statt.

Zwei Tage später, am Samstag, den 20. April, fuhr der deutsche Liner *Bremen* in einer Entfernung von wenigen Meilen an der Unglücksstelle vorbei. „Es war ein wunderbarer Nachmittag", berichtete eine Passagierin, „und der in der Sonne glitzernde Eisberg war ein herrlicher Anblick." Als das Schiff jedoch näher herankam, konnte man an Bord kleine, im Meer treibende Punkte erkennen. Ein „Gefühl der Furcht und der Traurigkeit erfaßte uns alle, und wir fuhren in tiefem Schweigen weiter". Als sie über die Reling nach unten blickten, konnten die Passagiere „einige Leichen so deutlich sehen, daß wir erkennen konnten, was sie anhatten und ob es Männer oder Frauen waren. Wir sahen eine Frau im Nachthemd, die ein Baby an ihre Brust gepreßt hielt ... Eine andere Frau, die vollständig bekleidet war, hatte ihre Arme um den Körper eines struppigen Hundes geschlungen, der aussah wie ein Bernhardiner. Die Leichen dreier Männer trieben nah an uns vorbei, alle hingen eng beieinander an einem Deckstuhl, direkt neben ihnen war ein Dutzend Leichen von Männern in Rettungswesten, zusammengeknäult wie in einem letzten verzweifelten Kampf ums Überleben ... Wir konnten noch die weißen Rettungswesten von vielen anderen sehen, wie Punkte auf dem Meer ... Dieser Anblick rührte alle an Bord zu Tränen ..."

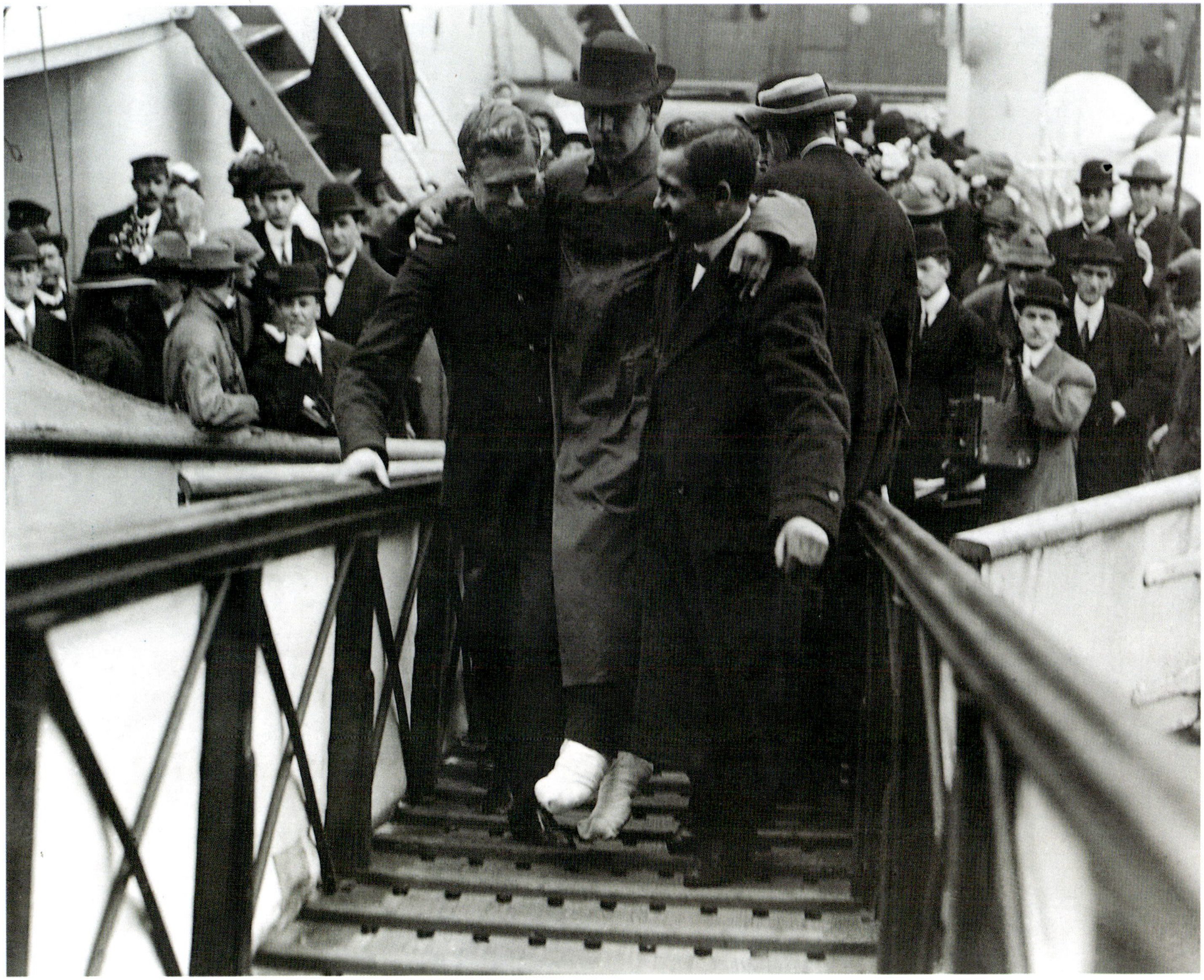

▲

Der überlebende Funker der *Titanic*, Harold Bride, mußte die Gangway der *Carpathia* hinuntergetragen werden; er hatte schwere Erfrierungen an den Füßen.

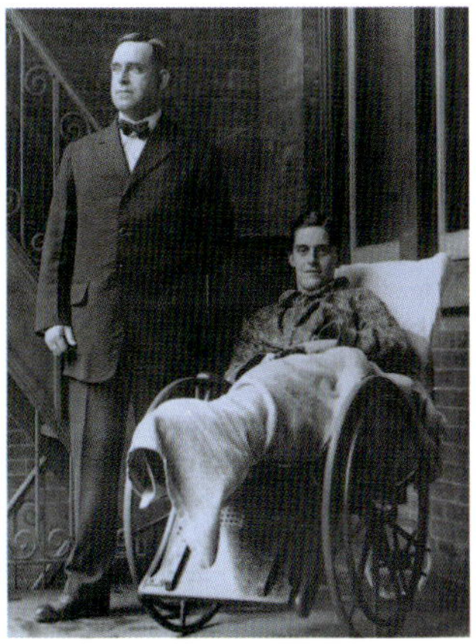

◀

Thomas Whiteley (rechts), Steward im Salon der Ersten Klasse, überlebte den Untergang, brach sich jedoch ein Bein, als er mit diesem in die Seile eines Rettungsbootes geriet, das gerade abgefiert wurde.

THE "TITANIC" DISASTER

Sixteen Hundred Lives Lost on the "Titanic"

Terrors and Heroism of the Greatest of Sea Disasters—Many Distinguished Men Drowned—Sufferings of the Survivors—Tragic Details

The scene at the Cunard Line pier, New York, as the "Carpathia" was docking

"Titanic" survivors leaving the pier after the arrival of the "Carpathia"

WHEN THE "CARPATHIA" CAME IN

37

Telling their experiences—a group of the rescued aboard the "Carpathia"

The deck of the "Carpathia" crowded with "Titanic" survivors

SOME OF THOSE WHO RETURNED

▲

Nach der Katastrophe brachten Zeitungen und Zeitschriften wochenlang erschütternde Artikel über den Untergang und Augenzeugenberichte von Überlebenden.

Opfer der Titanic

Von den in diesem und den vorigen Kapiteln erwähnten Passagieren und Besatzungsmitgliedern überlebten: Rosa Stanton Abbott, Madeleine Force Astor, Erster Feuerwehrmann Frederick Barrett, Steward George Beauchamp, Ruth Becker, Lawrence Beesley, Ellen Bird (die Zofe von Ida Straus), Dickinson H. Bishop, Vierter Offizier Joseph Groves Boxhall, Funker Harold Bride, Margaret „Molly" Tobin Brown, Edith Brown, Elizabeth Brown, Helen Churchill Hungerford Candee, Charlotte Drake Cardeza, John Collins, Charlotte Collyer, Cosmo Edmund Duff Gordon, Lucile Wallace Sutherland Duff Gordon, Elizabeth Mussey Eustis, Frederick Fleet, Colonel Archibald Gracie IV., Henry Sleeper Harper, Irene „Rene" Wallach Harris, Esther Hart, Eva Hart, Margaret Bechstein Hayes, Frederick Maxfield Hoyt, Abraham Hyman, Joseph Bruce Ismay, Steward James Johnson, Carl Jonsson, Steward Percy Keene, Reginald R. Lee, Steward Arthur Lewis, Zweiter Offizier Charles H. Lightoller, Fünfter Offizier Harold G. Lowe, Edmond Roger Navratil (alias Edmond Hoffman), Michel Marcel Navratil (alias Michel Hoffman), Feuerwehrmann John Podesta, Steuermann George Rowe, Emily Maria Borie Ryerson, Vollmatrose Joseph Scarrett, Elizabeth W. Shutes, Mary Eloise Hughes Smith, Frederic Oakley Spedden, Margaretta Corning Stone Spedden, Robert Douglas Spedden, Martha Eustis Stephenson, John „Jack" Borland Thayer jr., Gilbert Milligan Tucker jr., Ella Holmes White, Steward Thomas Whiteley, Eleanor Elkins Widener, Hugh Woolner.

Es überlebten nicht: Eugene Joseph Abbott, Rossmore Edward Abbott, Thomas Andrews, Colonel John Jacob Astor, Orchestermitglied Theodore Ronald Brailey, Orchestermitglied Roger Marie Bricoux, Thomas William Solomon Brown, Major Archibald Willingham Butt, Reverend Ernest Courtenay Carter, Orchestermitglied John Frederick Preston Clarke, Patrick Dooley, Victor Giglio, Benjamin Guggenheim, Postangestellter William Logan Gwinn, Benjamin Hart, Orchesterleiter Wallace Henry Hartley, Herbert G. Harvey, Charles Melville Hays, Ingenieur John Henry Hesketh, Orchestermitglied John Law Hume, Orchestermitglied George Alexander Krins, Postangestellter John Starr March, T. W. McCrawley, Francis Davis Millet, Sechster Offizier James Paul Moody, Erster Offizier William M. Murdoch, Michel Navratil (alias M. Hoffman), Steward James Arthur Paintin, Funker John G. Phillips, Franz Pulbaum, Jonathan Shepherd, Kapitän Edward John Smith, James Clinch Smith, Postangestellter John Richard Jago Smith, Feuerwehrmann „Gus" A. Stanbrook, William Thomas Stead, Ida Blun Straus, Isidor Straus, Henry Sutehall jr., Orchestermitglied Percy Cornelius Taylor, John Borland Thayer, Harry Elkins Widener, George Duton Widener, Chefoffizier Henry Tingle Wilde, Postangestellter James Bertram Williamson, Orchestermitglied John Westley Woodward, Postangestellter Oscar S. Woody.

Eine vollständige Liste der Opfer und Überlebenden der Titanic *befindet sich am Anfang und Ende dieses Buches.*

AUF DER SUCHE NACH DER TITANIC

Die Lampe vom Vormast der *Titanic,* eine von zweien, die die Richtung des Schiffes anzeigten. Sie wurde 1987 geborgen. Links: Der majestätische Bug des Schiffes wurde im Sommer 1991 von einem internationalen Team unter Leitung des Filmproduzenten und Regisseurs Stephen Low und des Schirschow-Instituts für Ozeanographie in Moskau auf 70-mm-IMAX®-Film gebannt.

DIE GRAUSAMEN FLUTEN DES Nordatlantik waren kaum über der *Titanic* zusammengeschlagen – und die mit Särgen beladene *Mackay-Bennett* suchte noch nach im eisigen Wasser treibenden Opfern –, als schon die ersten Pläne gemacht wurden, das Wrack des untergegangenen Liners zu finden. Nur fünf Tage nach der unvorstellbaren Tragödie kündigte John Jacob Astors Sohn Vincent an, den Rumpf der *Titanic* auffinden und sprengen zu wollen, um die noch nicht entdeckte Leiche seines Vaters zu bergen. Einen Tag später gab er diesen Plan auf, da die Männer der *Mackay-Bennett* den zerschmetterten Leichnam des Millionärs inzwischen doch gefunden hatten. Andere jedoch träumten weiter davon, das Wrack der *Titanic* aufzuspüren. Auch nachdem sie knapp 3800 Meter unter der Wasseroberfläche in völliger Dunkelheit zu liegen gekommen war, entzündete die *Titanic* weiter die Phantasie der Öffentlichkeit. Der Ort ihres Untergangs – eine nicht genau bekannte Stelle in der bedrohlichen Unendlichkeit des Atlantik, über 700 Kilometer vor Neufundland – wurde Teil der moralischen Geographie der Welt. Mehr als sieben Jahrzehnte lang beschäftigte das Grab des Schiffes in der unbekannten und unerreichbaren Tiefe Träumer und Abenteurer, so wie zuvor seine Reise ins Unglück.

Seit die *Titanic* auf den tiefen Grund des Ozeans sank, hat es immer wieder Pläne gegeben, das der als „Jäger verlorener Legenden“ bezeichnet wurde, hatte zuvor Expeditionen finanziert, die das Ungeheuer von Loch Ness, die Arche Noah und Bigfoot, die amerikanische Variante des Schneemenschen, finden sollten. Jetzt richtete er seine Aufmerksamkeit auf die *Titanic*, und um das legendenumwobene Wrack zu finden, rekrutierte er den Filmproduzenten und Expeditionsleiter Mike Harris sowie ein Wissenschaftler-Team vom Lamont-Doherty Geological Observatory der Columbia University. An der hervorragend vorbereiteten Expedition nahmen zwei der angesehensten Experten der Welt teil, der Geologe Dr. William Ryan von Lamont-Doherty und der Ozeanograph Dr. Fred Spiess von der zur University of California gehörenden Scripps Institution. Ryan hatte berechnet, daß die *Titanic* wahrscheinlich innerhalb einer knapp 1600 km^2 großen Zone im Nordatlantik lag, dabei stützte er sich auf ihre zuletzt durchgegebene Position sowie Annahmen über Geschwindigkeit und Drift. Grimms Team, zu dem 38 Wissenschaftler gehörten, charterte die *H.J.W. Fay*, belud sie mit modernster Technik zum Aufspüren großer Objekte auf dem Meeresgrund (u.a. Unterwasserkameras und ein Zweiseiten-Sonar) und nahm von Florida aus Kurs auf das Zielgebiet. Mit Hilfe von Sonaraufzeichnungen untersuchte das Team den Meeresboden und identifizierte 14 Stellen, an denen das Wrack liegen konnte. Unglücklicherweise mußte die Suche aber wegen schlechten Wetters und technischer Probleme abgebrochen werden. Obwohl dieser erste Versuch fehlgeschlagen war, ließ sich Grimm nicht von seinem Vorhaben abbringen, die *Titanic* zu finden. 1981 ging er mit Harris ein zweites Mal auf die Suche, diesmal an Bord der *Gyre*, eines Forschungsschiffes der US-Marine. Das 297-Tonnen-Schiff war mit Magnetometern, einem von der Scripps Institution entwickelten Tiefsee-Schleppsonar und hochmoderner Navigationstechnik von der NASA ausgerüstet. Sollte die *Titanic* gefunden werden, plante Grimm, mit *Aluminaut*, einem von Reynolds Aluminum gebauten Tiefseetauchboot, hinunterzutauchen, das Wrack zu untersuchen und Gegenstände zu bergen. Auch er glaubte an die Legende, daß in dem versunkenen Schiffsrumpf ein wahrer Goldschatz zu finden sein würde.

▲ Nach seiner zweiten erfolglosen *Titanic*-Expedition 1981 präsentiert Jack Grimm (am Mikrophon) auf einer Pressekonferenz in Boston Fotos und Diagramme vom Suchgebiet im Nordatlantik. Rechts: Der rote Punkt auf dieser Meereskarte zeigt die ungefähre Position der *Titanic* an. Das Wrack befindet sich in einer Tiefe von 3780 Meter in der Nähe der Neufundlandbänke.

An Bord der *Gyre* grenzten die Wissenschaftler die wahrscheinliche Position der *Titanic* immer weiter ein, basierend auf ihrer letzten über Funk gemeldeten Position, ihrer Geschwindigkeit und Richtung nach der Kollision mit dem Eisberg, Berichten von anderen Schiffen und vielen anderen Faktoren. Ausgehend von ihrer Analyse schlußfolgerten sie, daß die *Titanic* höchstwahrscheinlich dort lag, wo sich der amerikanische Festlandsockel südöstlich von Neufundland vom Grund des Ozeans erhebt, in einem Gebiet, das sie Titanic-Cañon nannten. Obwohl diese Region zuvor schon von der US-Marine durchsucht worden war und trotz wiederholter Sonar-Untersuchungen der in Frage kommenden Stellen, gelang es dem Team der *Gyre* nicht, das Wrack der *Titanic* zu orten, da die Mission unter starkem Seegang und schweren Regenfällen litt. Im Juli 1983 unternahm der unermüdliche Grimm eine dritte Expedition, diesmal an Bord der *Robert D. Conrad* der US-Marine. Auch dieser letzte Versuch scheiterte an starken Stürmen, zehn Meter hohen Wellen und technischen Defekten und

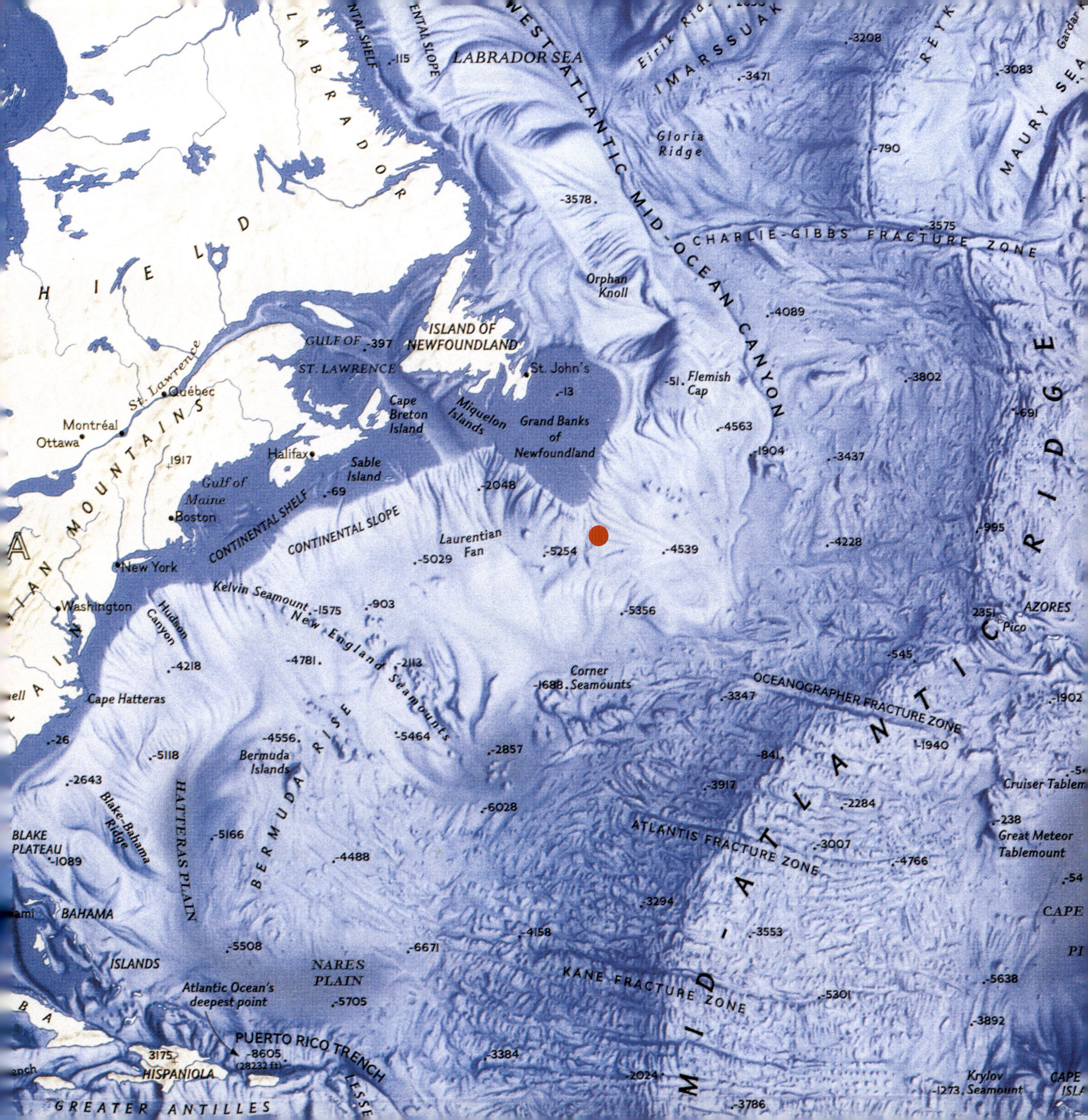

LABRADOR SEA
WEST ATLANTIC MID-OCEAN CANYON
IMARSSUAK
Eirik Ridge
REYK
Gardar
MAURY SEA
Gloria Ridge
CHARLIE-GIBBS FRACTURE ZONE
Orphan Knoll
LABRADOR
SHIELD
ISLAND OF NEWFOUNDLAND
GULF OF ST. LAWRENCE
St. John's
Flemish Cap
Cape Breton Island
Miquelon Islands
Grand Banks of Newfoundland
Québec
St. Lawrence
Montréal
Ottawa
Halifax
Sable Island
Gulf of Maine
Boston
CONTINENTAL SHELF
CONTINENTAL SLOPE
Laurentian Fan
APPALACHIAN MOUNTAINS
New York
Washington
Hudson Canyon
Kelvin Seamount
New England Seamounts
Corner Seamounts
MID-ATLANTIC RIDGE
AZORES
Pico
OCEANOGRAPHER FRACTURE ZONE
Cape Hatteras
BERMUDA RISE
Bermuda Islands
HATTERAS PLAIN
Blake-Bahama Ridge
BLAKE PLATEAU
BAHAMA ISLANDS
Cruiser Tablemount
Great Meteor Tablemount
ATLANTIS FRACTURE ZONE
KANE FRACTURE ZONE
NARES PLAIN
Atlantic Ocean's deepest point
PUERTO RICO TRENCH
-8605 (28232 ft)
HISPANIOLA
GREATER ANTILLES
Krylov Seamount
-115
-3208
-3471
-3083
-790
-3578
-3575
-4089
-397
-13
-51
-3802
-691
-4563
-1904
-3437
1917
-69
-2048
-995
-5029
-5254
-4539
-4228
-1575
-903
-5356
2351
-545
-4781
-2113
-4218
-1688
-3347
-1902
-26
-4556
-5464
-2857
-1940
-5118
-841
-2643
-3917
-2284
-6028
-238
-5166
-3007
-1089
-4488
-4766
-3294
-4158
-3553
-5508
-6671
-5638
-5705
-5301
-3892
3175
-3384
-2024
-1273
-3786

führte zu nichts. Grimm hatte drei erfolglose Expeditionen finanziert und dafür insgesamt 2 Millionen Dollar aufgewendet.

Nun, da sich Grimms medienwirksame Suchaktionen als teure Mißerfolge erwiesen hatten, war die Zeit reif für andere, sich auf die Spur der *Titanic* zu begeben. Mitte der 80er Jahre hatten sich die Aussichten auf Erfolg durch neue Entwicklungen in der Tiefseeforschung und der Fototechnik weiter erhöht. Wissenschaftler des IFREMER (Institut Français de Recherche pour l'Exploitation des Mers), des französischen Meeresforschungsinstituts, hatten ein besonders leistungsfähiges Zweiseiten-Sonar entwickelt, und die US-Marine hatte fast 3 Millionen Dollar für den Bau eines 2 Tonnen schweren unbemannten Tiefseeschleppfahrzeugs ausgegeben. Dieses Gerät, das den Namen *Argo* trug, war mit modernen Videokameras und leistungsstarken Röhrenblitzlichtern ausgestattet. Um die neue Technik zu testen, gingen französische und amerikanische Wissenschaftler im Sommer 1985 auf eine zweimonatige gemeinsame Expedition in den Nordatlantik. Das vorrangige Ziel dieses Unternehmens war es, die Geräte zu testen; die *Titanic* zu finden und zu fotografieren stand an zweiter Stelle.

Die Pläne sahen vor, daß das französische Schiff *Le Suroît* das neue, torpedoförmige Seitensicht-Sonar SAR im Abstand von 180 Metern über den Meeresgrund schleppen sollte. Mit Hilfe von SAR wollte das französische Team, an dessen Spitze Jean-Louis Michel, ein Ozeanograph vom IFREMER, sowie Projektleiter Jean Jarry standen, ein Gebiet von 400 Quadratseemeilen untersuchen, in dem Michel die *Titanic* im Ergebnis gründlicher Berechnungen vermutete. Man wollte im sogenannten „Rasenmäherverfahren" vorgehen, d.h. SAR sollte das Suchfeld in knapp 1000 m breiten Bahnen scannen und hochauflösende Schattenbilder vom Meeresboden liefern, die Schwarz-Weiß-Fotos ähnelten. Das Team wollte außerdem einen Magnetometer einsetzen, um zwischen Felsen und metallischen Objekten auf dem Grund des Ozeans unterscheiden zu können. Laut Expeditionsplan sollte das französische Sonarsystem die *Titanic* orten. Danach wollten die Forscher das videobasierte Suchsystem der Amerikaner, das die US-Marine zur Verfügung gestellt hatte, zur Erkundung und zum Fotografieren des Wracks einsetzen.

Innerhalb von 21 Tagen wurden mehr als 80 Prozent des Suchfeldes durchkämmt, 24 Stunden am Tag und unter unwahrscheinlich schwierigen Witterungsbedingungen, doch das Sonarverfahren ergab keinerlei Hinweise auf den Lageplatz der *Titanic*. Die enttäuschten Franzosen und Amerikaner stiegen auf die der US-Marine gehörende *Knorr* um, und während die *Le Suroît* nach Frankreich zurückkehrte, nahmen sie die Suche mit dem hochmodernen Videosuchsystem der Amerikaner wieder auf, das aus drei hochsensitiven Videokameras bestand, die auch unter extrem schwierigen Lichtverhältnissen arbeiten konnten. Sie waren auf der *Argo* montiert. Die Suche konzentrierte sich auf einen noch nicht durchkämmten Abschnitt des von Jean-Louis Michel festgelegten Gebietes. Der französische Ozeanograph wußte aus Erfahrung, daß sich von sinkenden Schiffen fortwährend

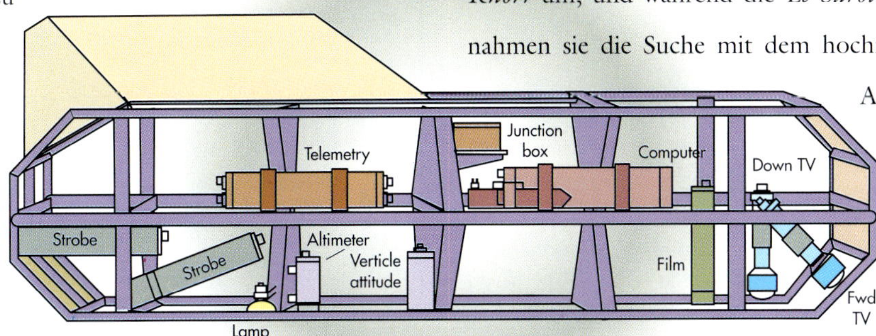

▲ Ende der 70er/Anfang der 80er Jahre ließen Fortschritte in der Tiefseetechnik die Ortung der *Titanic* erstmals wirklich möglich erscheinen. Die Abb. oben zeigt den Aufbau von Argo, eines unbemannten, mit Kameras ausgerüsteten Schleppfahrzeugs, das 1985 die ersten Bilder der versunkenen *Titanic* aufnahm. Links: In dieser Darstellung von 1981 zeigen der Kreisbogen und die Dreiecke in Rosa die Sonar-Reichweite von *Argo* (gelb), während die grünen Trapeze jene Abschnitte des Meeresbodens darstellen, die *Argo* mit seinen fünf Kameras visuell erfassen konnte.

Trümmer lösen, die dann eine Art Spur auf dem Grund bilden. Deshalb beschloß Robert D. Ballard, der Geologe, der das amerikanische Team leitete, das Suchsystem nicht nur auf das Wrack selbst, sondern auch auf das Trümmerfeld der *Titanic* anzusetzen.

Die monotone Erkundung des Zielgebietes durch das Team setzte sich weitere 14 Tage fort, sie erbrachte allerdings nichts außer unendlich vielen Bildern vom sandigen Grund, von Dünen und Rattenschwanzfischen. Doch fünf Minuten nach ein Uhr am Morgen des 1. September 1985 zeigte der Monitor im Kontrollraum plötzlich Bilder von einem großen, von Menschenhand erschaffenen Gegenstand auf dem Meeresboden. Es war einer der riesigen Kessel der *Titanic*, der beim Untergang des Liners aus einem der Kesselräume geschleudert worden war und nun, 73 Jahre später, vom Licht der Scheinwerfer erfaßt und von den Videokameras der *Argo* aufgenommen wurde. Bald darauf wurden auf dem Bildschirm der *Knorr* verformte Stahlplatten, Relingstücke und Bullaugen sichtbar, und Michel, der die dramatischen Bilder auftauchen sah, dämmerte es langsam, daß sie die *Titanic* doch noch gefunden hatten. Er schickte ein Mitglied der Besatzung los, um Ballard von der Entdeckung zu informieren. Inzwischen war es kurz vor zwei Uhr morgens, fast die Zeit, zu der die *Titanic* an jenem kalten Morgen des 15. April 1912 endgültig ihren Weg in die Tiefe antrat. Spontan versammelte sich die Besatzung am Heck der Knorr zu einer Minute stillen Gedenkens in der ruhigen und sternklaren Nacht, dann hißte man die Firmenflagge von Harland & Wolff, um der *Titanic* und ihren umgekommenen Passagieren und Besatzungsmitgliedern die Ehre zu erweisen.

Am nächsten Tag schickte das Team *Argo* auf eine zweite, ausgedehntere Erkundungsfahrt. Die Kameras machten deutlich, daß die *Titanic* aufrecht und scheinbar intakt auf dem Meeresboden ruhte. Ihr Bug, der erstaunlich gut erhalten zu sein schien, war tief in den Schlamm eingesunken. Um noch

Das Erste Bild der Titanic

Das allererste Bild, das auf die Entdeckung der *Titanic* hinwies (rechts), zeigte einen der riesigen Kessel. Er geriet am frühen Morgen des 1. September 1985 ins Blickfeld. Das Foto darunter zeigt die Kessel der *Titanic* in der Werkhalle, in der sie gebaut worden waren. Unten: Diese Diagramme zeigen die von SAR und *Argo* vor der Entdeckung der *Titanic* abgesuchten Gebiete. Folgende Seite: Das US-Marineschiff *Knorr* und seine erfolgreiche Expeditionscrew 1985.

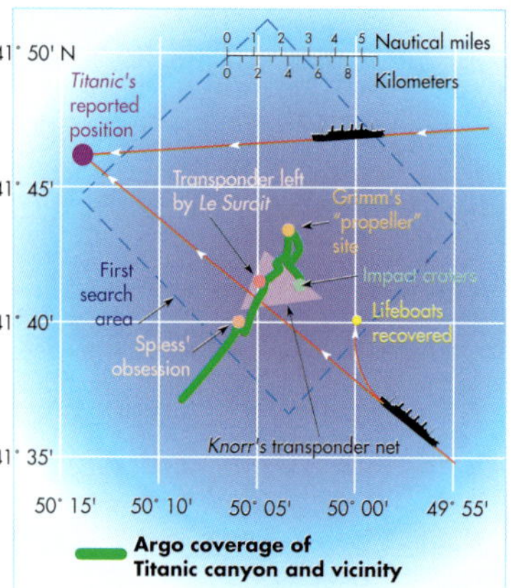

ARGO SEARCH—PHASE I

ARGO SEARCH—PHASE II

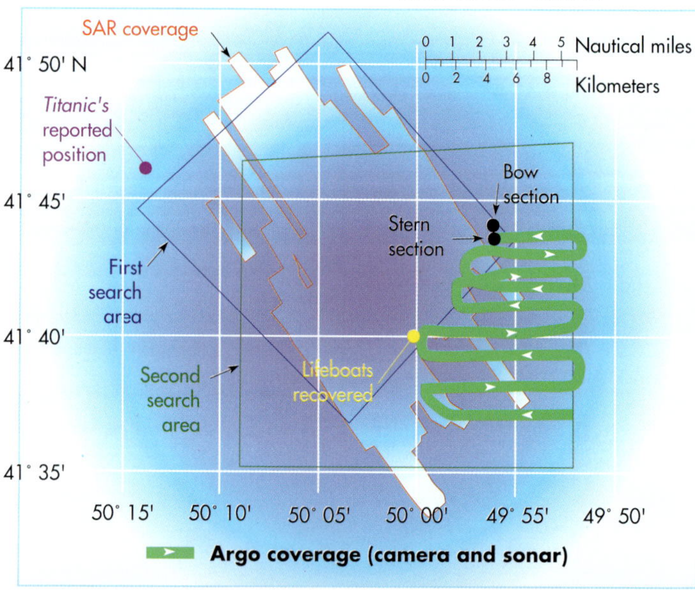

KNORR

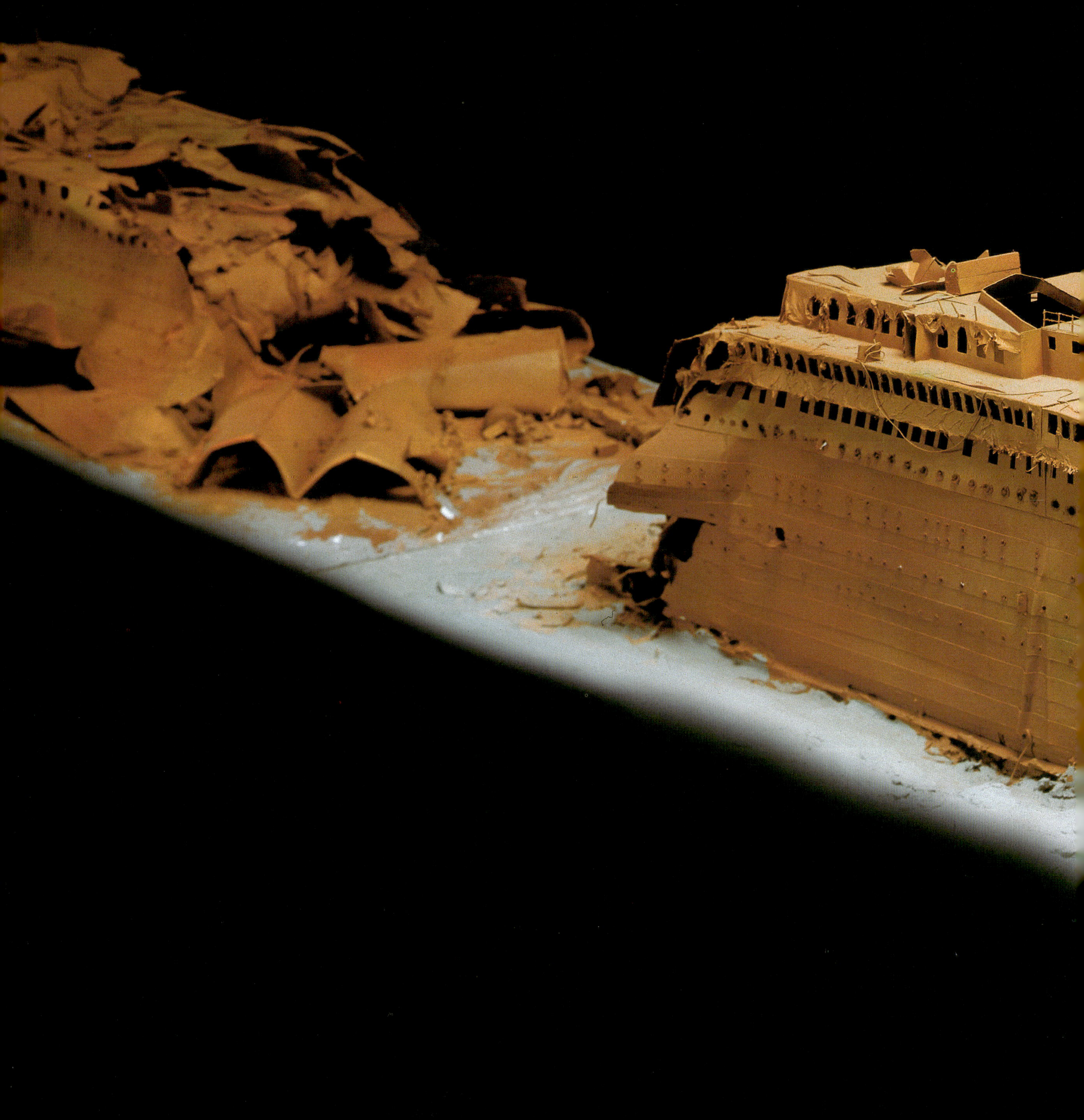

Dieses Modell der *Titanic* zeigt das Wrack auf dem Grund des Meeres (jedoch nicht in seiner tatsächlichen Position). In Wirklichkeit liegen die beiden großen Rumpfteile 600 Meter voneinander entfernt.

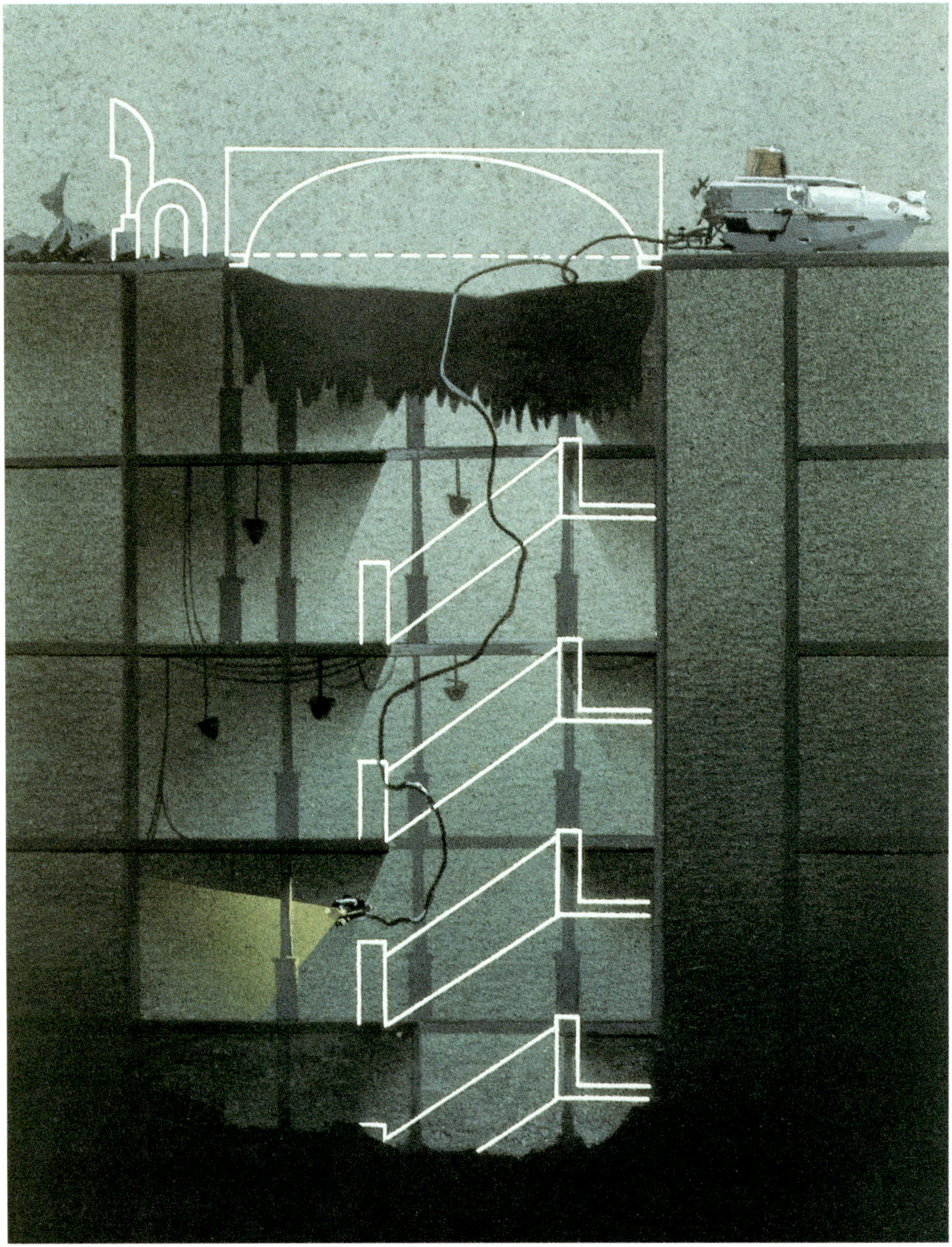

◀

Im Juli 1986 kehrten die amerikanischen Forscher mit einem leistungsfähigen bildgebenden Gerät zur *Titanic* zurück. Bei *Jason Jr.* handelte es sich um einen 70 cm langen Unterwasserroboter, der mit hochauflösenden Kameras und starken Lichtquellen ausgestattet und über eine Leine mit dem Tauchboot verbunden war. Oben: *Jason Jr.* gelangte durch die zerbrochene Glaskuppel in den großen Treppenaufgang der *Titanic*, wo noch unversehrte Kristalleuchter hingen.

◀ **D**iese Aufnahme von einem der Kessel der *Titanic* wurde 1987 auf einer Expedition von Titanic Ventures gemacht, dem Vorläufer von RMS Titanic Inc. Oben: Die Backbordseite des Bugs der *Titanic* wurde ebenfalls 1987 fotografiert. Rechts: Eine im selben Jahr aus dem Trümmerfeld der *Titanic* geborgene Teekanne.

NADIR
NADIR

ANATOMIE DER KATASTROPHE

▲ Dieses Bullauge stammt wahrscheinlich vom Speisesaal oder der Küche der Ersten Klasse. Links: Das IFREMER-Schiff *Nadir* auf der Position des *Titanic*-Wracks.

DIE *TITANIC* LIEGT AUF DEM dunklen Grund des Ozeans, doch sie beschäftigt uns bis heute. Seit nunmehr fast einem Jahrhundert hat es eine endlose Folge von Debatten, Gerüchten und Spekulationen über alle Details der Ereignisse vom April 1912 gegeben, und immer wieder drängte sich die Frage auf: „Was wäre gewesen, wenn ...?" Doch auf viele Fragen gibt es bis heute keine abschließende Antwort. Welcher Schaden entstand wirklich, als die *Titanic* mit dem Eisberg kollidierte? Warum ging der „unsinkbare" Koloß so schnell unter? Hätte die Tragödie abgewendet werden können? Schon 1919 äußerte der Schriftsteller Joseph Conrad sein Unverständnis über die unstillbare – ja unschickliche – Neugier der Öffentlichkeit. „Was bezwecken sie?" fragte er. „Was wollen sie herausfinden? Wir wissen doch, was geschehen ist. Eine Seite des Schiffes kratzte an einem Stück Eis entlang, und nach zweieinhalb Stunden sank das Schiff und nahm eine Menge Leute mit."

Conrad hatte insofern recht, als die grundlegenden Fakten der Katastrophe schon 1912 durch detaillierte Ermittlungen in den USA und Großbritannien geklärt worden waren. Die *Titanic* hatte einen Eisberg gestreift, der bei diesem „Streifschuß" angerichtete Schaden führte zum Wassereinbruch in mindestens fünf wasserdichten Abteilungen, und das riesige Schiff konnte nicht flottbleiben, wenn mehr als vier der sechs vorderen Abteilungen überflutet waren. Darüber hinaus wußte man aber nur sehr wenig über das Wesen und die Abfolge der Ereignisse, die fünf

Tage, nachdem der als unbezwingbar angesehene größte Ozeanliner der Welt zu seiner Jungfernfahrt aufgebrochen war, zum tragischen Tod von 1523 Männern, Frauen und Kindern führten. Die Entdeckung des Wracks der *Titanic* ließ die Diskussionen nicht etwa verstummen, im Gegenteil: sie warf noch mehr Fragen auf, auf die es keine Antwort gab. Wie brach das große Schiff auseinander? Wie kommt es, daß der Bug fast unversehrt ist, während das Heck eine kaum identifizierbare Anhäufung von verbogenem Stahl ist? Wie lange wird das von Rost überzogene Wrack in der Unwirtlichkeit der Tiefsee überleben?

Seit Robert Ballard 1987 die Position des Wracks bekanntmachte, haben sich sieben Expeditionen auf den Weg gemacht, um das legendäre Schiff zu fotografieren und zu untersuchen und um Gegenstände zu bergen, die nach dem Untergang im Umfeld des Wracks zu liegen kamen. Vier dieser Expeditionen – jeweils im Sommer 1987, 1993, 1994 und 1996 – wurden von RMS Titanic Inc. durchgeführt, einer Aktiengesellschaft mit Sitz in New York, der ein US-Bundesgericht 1994 die Bergungs- und Besitzrechte an der *Titanic* und allen vom Meeresgrund gehobenen Gegenständen zusprach. Alle vier Forschungs- und Bergungsexpeditionen wurden in Partnerschaft mit dem IFREMER durchgeführt, dem französischen Meeresforschungsinstitut, das 1985 auch an der Entdeckung des *Titanic*-Wracks beteiligt gewesen war. Bei diesen erfolgreichen Unternehmungen hat das Team das Wrack und seine Umgebung ausgiebig erkundet und fotografiert, außerdem konnten fast 5000 Gegenstände aus dem großen Trümmerfeld geborgen werden, von denen viele nach sorgfältiger Restaurierung in amerikanischen und europäischen Museen besichtigt werden können.

Die Expedition, die RMS Titanic Inc. 1996 durchführte, sollte aber auch von einmaliger wissenschaftlicher Bedeutung sein, denn bei dieser vom Discovery Channel kofinanzierten Unternehmung wurde die *Titanic* von Wissenschaftlern und Ingenieuren aus fünf Ländern untersucht. Unter Zuhilfenahme der modernsten verfügbaren Technik und fortgeschrittenster Methoden der Material- und Crashforschung sowie der forensischen Wissenschaften versuchten sie, viele der Rätsel um die Katastrophe zu lösen. „Die *Titanic* ist Gegenstand unzähliger Mythen und unzähliger falscher Informationen", erklärte der *Titanic*-Historiker Charles Haas. „Diese Expedition", so Haas weiter, „gab uns die Gelegenheit, das modernste wissenschaftliche Instrumentarium zu nutzen, um mit einigen dieser falschen Informationen aufzuräumen und Auskunft darüber

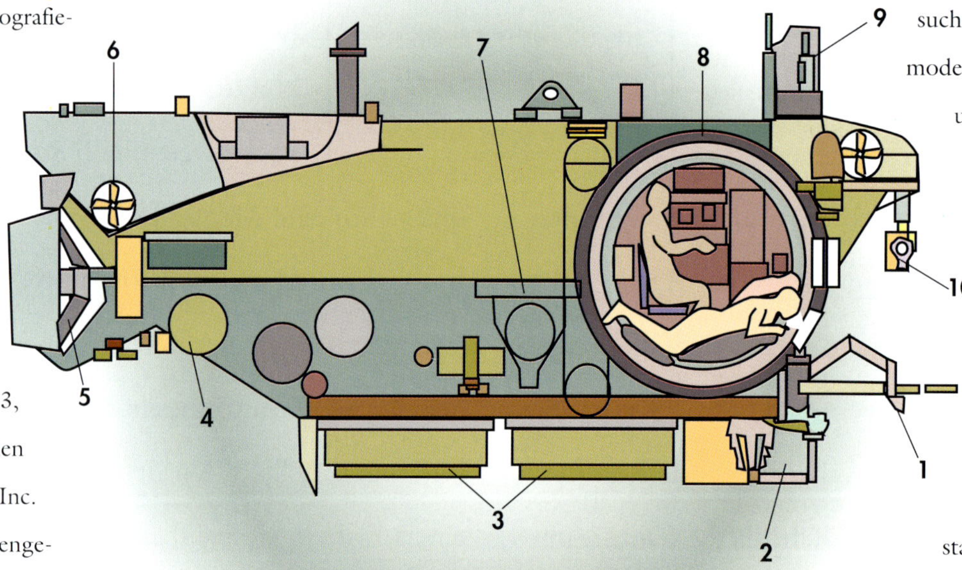

▲
Bei Forschungs- und Bergungsexpeditionen zur *Titanic* wird das französische Tiefseetauchboot *Nautilus (frz. Nautile)* eingesetzt, das drei Personen Platz bietet und eines von nur sechs Tauchbooten weltweit ist, die 6000 m tief tauchen können. Diese Abbildung zeigt die technische Ausstattung der Nautilus. 1. Greifarme, 2. Probenehmer, 3. Abwerfbare 230-Volt-Batterien, 4. Sauerstofftank, 5. Hauptpropeller, 6. Seitenschubschraube, 7. Ballasttanks, 8. Luke, 9. Sonar, 10. Einzelbild- und Videokameras. Rechts: Während der Expedition von 1996 setzt die Crew der *Nadir* die *Nautilus* in den Nordatlantik aus.

IFREMER
NAUTILE

zu geben, was in jener Nacht wirklich geschah.“ Um Klarheit über den Untergang zu schaffen, versammelten RMS Titanic Inc. und der Discovery Channel mit Unterstützung des französischen Ellipse-Programms ein Team von Schiffbauingenieuren, Ozeanographen, Bergungsexperten, Mikrobiologen, Metallurgen und Historikern. Die einmonatige Forschungs- und Bergungsexpedition stand unter Leitung des französischen Marineoffiziers Paul-Henri (P.-H.) Nargeolet, der zuvor Expeditionschef für IFREMER und Leiter des Tiefseetauchprogramms der französischen Marine gewesen war, und des Präsidenten von RMS *Titanic* Inc., George Tulloch. Weitere Expeditionsteilnehmer waren: David Livingstone, Chefkonstrukteur von Harland & Wolff, der erste Vertreter des Unternehmens, der das Wrack der *Titanic* zu sehen bekam, Paul Matthias von Polaris Imaging aus Narragansett im US-Bundesstaat Rhode Island, ein Experte für Unterwasserbildgebung, William H. Garzke, Chefkonstrukteur von Gibbs & Cox und Vorsitzender des Sachverständigenausschusses der Society of Naval Architects and Marine Engineers, der weltweit an der Untersuchung von Schiffskatastrophen mitwirkt, und Dr. D. Roy Cullimore, Mikrobiologe und Leiter des Regina Water Research Institute an der University of Regina in der kanadischen Provinz Saskatchewan. Außerdem gehörten zum Team die *Titanic*-Historiker und Autoren John Eaton, Charles Haas und Claes-Göran Wetterholm, der Biologe und *Titanic*-Autor Dr. Charles Pellegrino, der Archäologe und Metallspezialist Dr. Stéphane Pennec, die Textilexpertin Martine Plantec, der Tiefseefilmer Christian Petron und der Kulturanthropologe Holger Van der Ley. Ein weiteres Expertenteam, dessen Mitglieder auf beiden Seiten des Atlantik stationiert waren, wertete die von der Expedition gelieferten Daten aus und trug entscheidend dazu bei, die Wahrheit über den Untergang der *Titanic* herauszufinden.

▲ Mike Strong (links), der Kommandant der *Jim Kilabuk*, und George Tulloch (rechts), der Präsident der RMS Titanic Inc., planten Forschungs- und Bergungsstrategien anhand eines maßstabsgerechten Modells des *Titanic*-Wracks. Ganz oben und links: Die *Nautilus* beginnt ihren Abstieg zum Grund des Ozeans in vier Kilometer Tiefe.

▲

Die Crew der *Nautilus* bei einem Tauchgang. Rechts: *Robin*, ein ferngesteuerter Kameraroboter, er kann in Bereiche vordringen, die für die *Nautilus* zu eng und gefährlich sind.

▲
Wissenschaftler haben auch die Dehnungsfugen der *Titanic,* darunter die hier abgebildete, untersucht, um die Katastrophe besser zu verstehen. Links: Dieser Koffer, dessen Schloß noch intakt war, wurde 1987 geborgen.

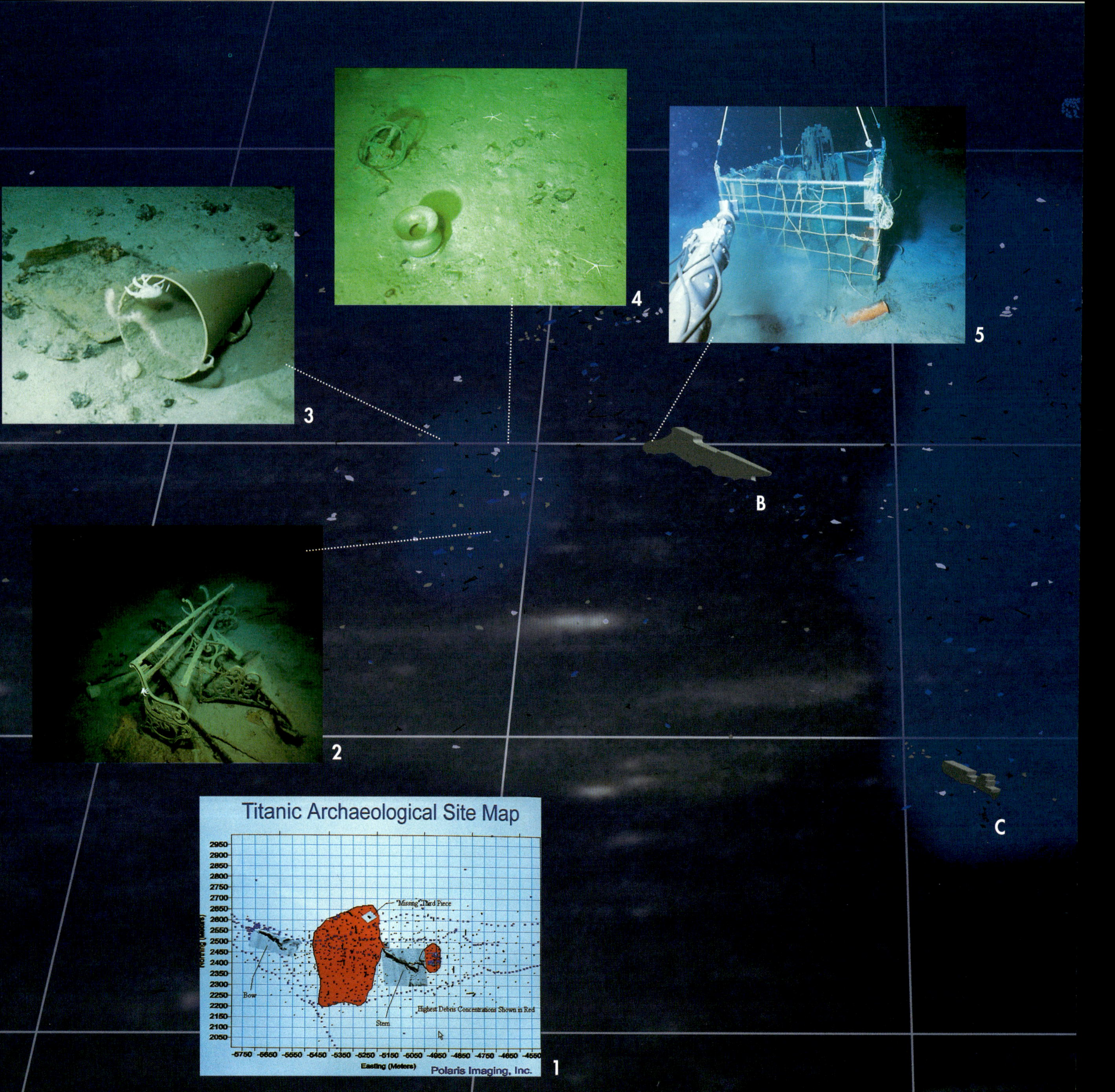

3
4
5
B
2
C
Titanic Archaeological Site Map
"Missing" Third Piece
Bow
Stern
Highest Debris Concentrations Shown in Red
Northing (Meters)
Easting (Meters)
Polaris Imaging, Inc.
1

Bei der Expedition von 1996 setzte Paul Matthias von Polaris Imaging ein an der *Nautilus* befestigtes Seitensichtsonar und EOSCAN, ein System zur Datenerfassung, -verarbeitung und -darstellung, ein, um eine detaillierte archäologische Karte des Wracks und des Trümmerfeldes (1) zu erstellen. Die auf diesen Seiten abgebildete Computerdarstellung der Karte – die den Lageplatz von der anderen Seite zeigt – verdeutlicht die Position des Bugs (A), des Hecks (B) und des dritten Teils (C). Auf dem Bild sind weiterhin über 400 Gegenstände des Trümmerfeldes erfaßt, darunter eine Deckbank (2), ein Megaphon (3), ein Spucknapf (4), der Schiffskompaß (5), ein Teil der Steuerbordbrücke (6), die vorderste Navigationsbake (7) und ein Windenmechanismus (8). Die farbig hervorgehobenen Bereiche der Karte und der Illustration weisen eine besonders hohe Trümmerdichte auf.

▲

Der Sonarexperte Paul Matthias befestigte ein Sonargerät an der *Nautilus*, das ihm helfen sollte, „durch den Schlamm zu sehen", der den vorderen Teil des Bugs der *Titanic* bedeckt. Seine Arbeit machte die bis dahin verborgenen Wunden, die der Eisberg geschlagen hatte, sichtbar.

Die verborgenen Wunden der *Titanic* werden sichtbar

Eines der größten Rätsel der *Titanic*-Katastrophe war die Art der vom Eisberg geschlagenen Wunden. Trotz anderslautender Aussagen vor den offiziellen Untersuchungsausschüssen von 1912 wurde immer wieder spekuliert und berichtet, der Eisberg habe die Seite des Schiffes auf einer Länge von 90 Metern durchgehend aufgerissen. Die einzige Person, die möglicherweise eine definitive Antwort auf diese Frage hätte geben können – Thomas Andrews von Harland & Wolff –, war mit dem Schiff untergegangen, und die Aussagen von Überlebenden waren voller Widersprüche. Vor dem britischen Untersuchungsausschuß trat 1912 jedoch ein Experte auf, der zu wissen glaubte, was sich zugetragen hatte – Edward Wilding, ein Schiffbauingenieur von Harland & Wolff. Wilding war der Auffassung, daß keineswegs ein riesiger Riß zum Untergang des Schiffes geführt hatte, er glaubte vielmehr, daß die vom Eisberg verursachten Beschädigungen sogar nur ein extrem geringes Ausmaß hatten. Diese Schlußfolgerung begründete er mit dem Überflutungsverlauf sowie Aussagen von Überlebenden. Wilding argumentierte wie folgt: Da sechs Abteilungen des Schiffes ungleichmäßig vollliefen, konnte die Art der Beschädigung nicht überall dieselbe sein. Hätte der Eisberg einen 90 m langen Riß hinterlassen, hätte dieser nur knapp 2 cm breit sein dürfen, ansonsten wären die Abteilungen viel schneller vollgelaufen. Wäre der Riß so lang und breit gewesen, wie allgemein angenommen wurde, wäre das Schiff innerhalb von Minuten statt Stunden gesunken. Allerdings wurden Wildings Erklärungen von Presse und Öffentlichkeit ignoriert, und so glaubte man fast einhundert Jahre lang, daß nur eine enorme klaffende Wunde den riesigen Liner ins Verderben gestürzt haben konnte.

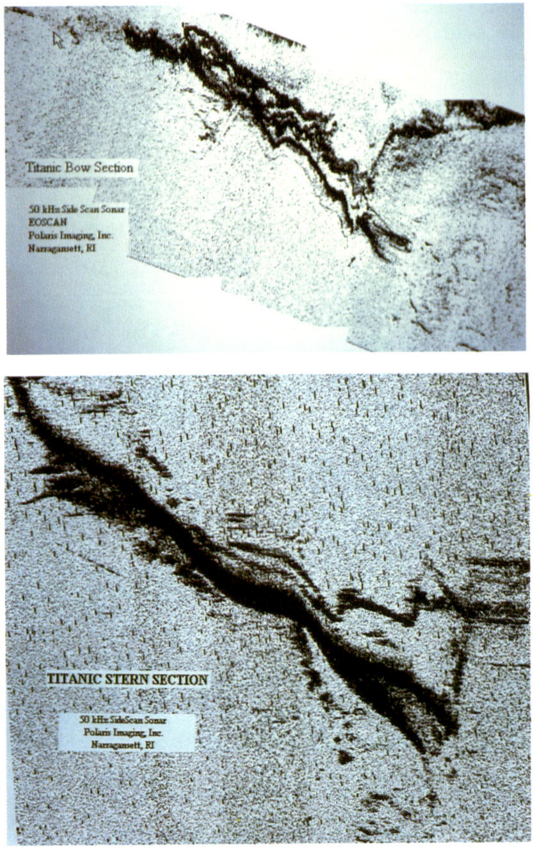

▲ EOSCAN und das am Boden der *Nautilus* angebrachte Seitensichtsonar produzierten Schallbilder, die denen von Ultraschalluntersuchungen in der Medizin ähnelten. Diese Bilder zeigen die Umrisse der von Schlamm bedeckten Teile des Hecks (oben) sowie des Bugs (ganz oben).

Selbst nachdem das Wrack der *Titanic* gefunden worden war, blieb die Wahrheit verborgen, denn die vom Eisberg verursachten Beschädigungen lagen mehr als zehn Meter tief im Schlamm des Meeresbodens begraben. Mit der Expedition von 1996 jedoch, so hofften die Wissenschaftler, sollte das Rätsel endlich gelöst werden. Mit Hilfe neuartiger Sonartechnik, wie sie von Geologen für seismische Profile benutzt wird, wollte man den Schlamm durchdringen, der die unteren Partien des Bugs der *Titanic* umgibt. Um diese Untersuchungen durchführen zu können, begab sich der Sonar-Experte Paul Matthias an Bord des IFREMER-Tauchbootes *Nautilus* vier Kilometer tief zum Wrack der *Titanic*. Die mit beweglichen Greifarmen und modernsten elektronischen Geräten ausgestattete *Nautilus*, deren Bau 20 Millionen Dollar gekostet hat, ist eines von nur sechs Tauchbooten weltweit, die in eine Tiefe von 6000 m vordringen können. Für die von Matthias durchgeführte Untersuchung waren die mechanischen Arme von *Nautilus* so umgerüstet worden, daß sie einen unterhalb des Bootes befindlichen Sonar halten konnten. Dieses Gerät sollte akustische Signale niedriger Frequenz aussenden, die den Meeresgrund durch-

Wie die *Titanic* sank und auseinanderbrach

Neue wissenschaftliche Erkenntnisse haben die Abfolge der Ereignisse erhellt, die am 14./15. April 1912 zum Auseinanderbrechen und schließlich zum Sinken der *Titanic* führten.

1. Die Kollision des Schiffes mit dem Eisberg um 23.40 Uhr verursachte keinen 90 Meter langen Riß, wie es von der Öffentlichkeit lange angenommen wurde. Die Beschädigungen waren von viel geringerem Ausmaß – eine Reihe von sechs schmalen Schlitzen, einige nur fingerbreit, deren Gesamtfläche gerade einmal 1,1 m^2 betrug. Unmittelbar nach dem Zusammenstoß ergossen sich 7 Tonnen Wasser pro Sekunde in den Rumpf der *Titanic*. Die Löcher in der Seitenwand des Schiffes waren zwar klein, sie befanden sich aber sechs Meter unterhalb der Wasserlinie, wo der hohe Druck das Meerwasser schneller durch die schmalen Schlitze preßte, als Wasser durch einen Feuerwehrschlauch läuft. Um 0.40 Uhr, nur eine Stunde nach dem Zusammenstoß, hatte das Schiff schon über 25000 Tonnen Wasser aufgenommen, und der Bug begann zu sinken.

2. Um 2.00 Uhr waren fast 40000 Tonnen Wasser eingedrungen, die den Bug unter Wasser drückten. Als der Druck auf den mittleren Teil zunahm, begann sich das Schiff noch an der Oberfläche durchzubiegen. Die Stahlplatten des Kiels wurden zusammengedrückt, die Decks knickten nach unten ab, der vordere Schornstein brach ab, und der Rumpf begann auseinanderzubrechen.

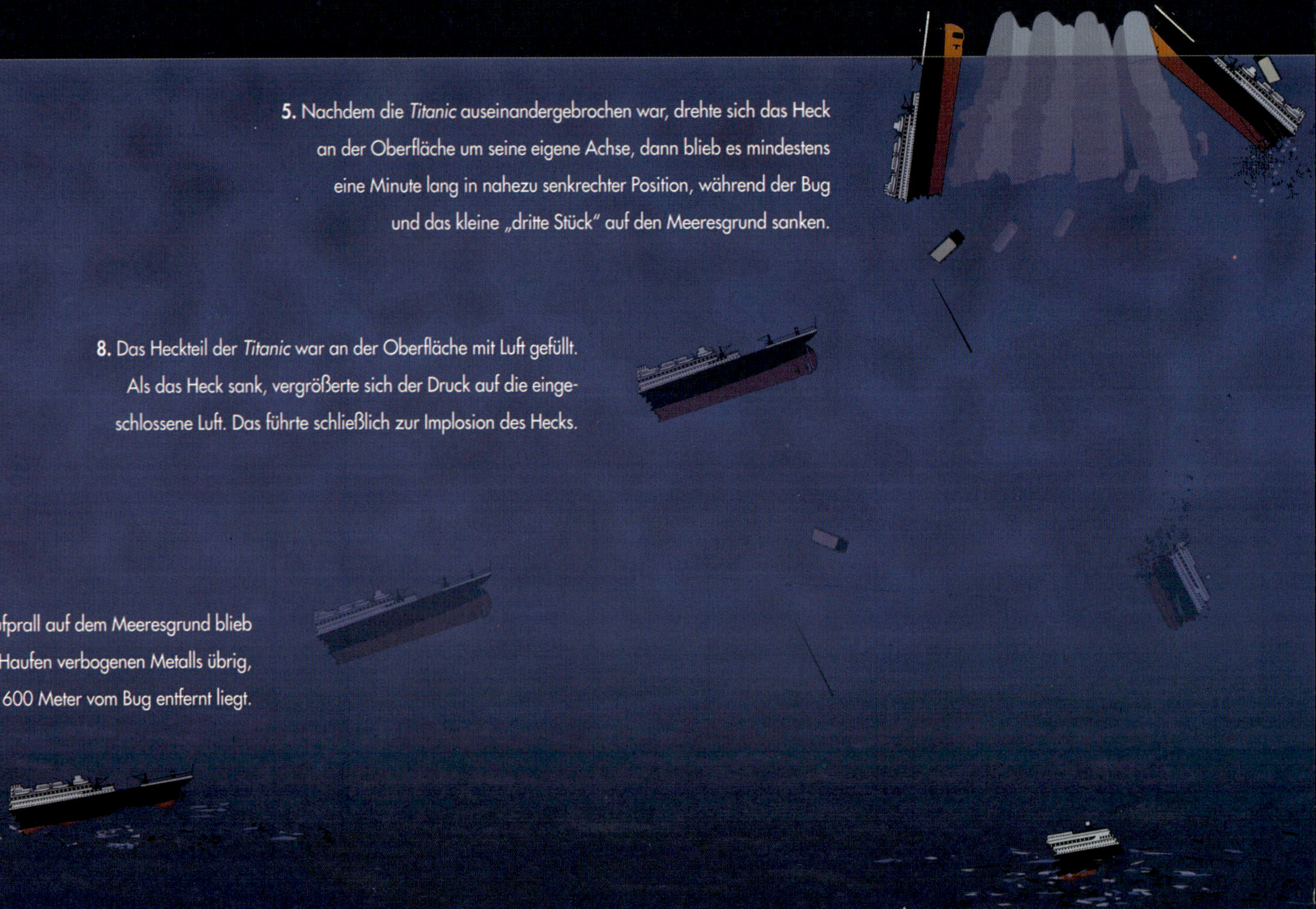

5. Nachdem die *Titanic* auseinandergebrochen war, drehte sich das Heck an der Oberfläche um seine eigene Achse, dann blieb es mindestens eine Minute lang in nahezu senkrechter Position, während der Bug und das kleine „dritte Stück“ auf den Meeresgrund sanken.

8. Das Heckteil der *Titanic* war an der Oberfläche mit Luft gefüllt. Als das Heck sank, vergrößerte sich der Druck auf die eingeschlossene Luft. Das führte schließlich zur Implosion des Hecks.

9. Durch die Implosion und den Aufprall auf dem Meeresgrund blieb vom Heckteil nur ein verknäulter Haufen verbogenen Metalls übrig, der 600 Meter vom Bug entfernt liegt.

3. Einige Überlebende berichteten, daß sich das Heck der *Titanic* steil aufrichtete, daß der vordere Schornstein herabstürzte und daß das Schiff noch über Wasser langsam auseinanderbrach. Eine neuartige Computersimulation des Unglücks hat ergeben, daß der durch das Aufrichten des Hecks entstehende Druck auf das Deck höher als 240000 Kilopascal war, viel mehr als die 155000 Kilopascal, die es aushalten konnte. Dieser enorme Druck verursachte das Auseinanderbrechen des Schiffes.

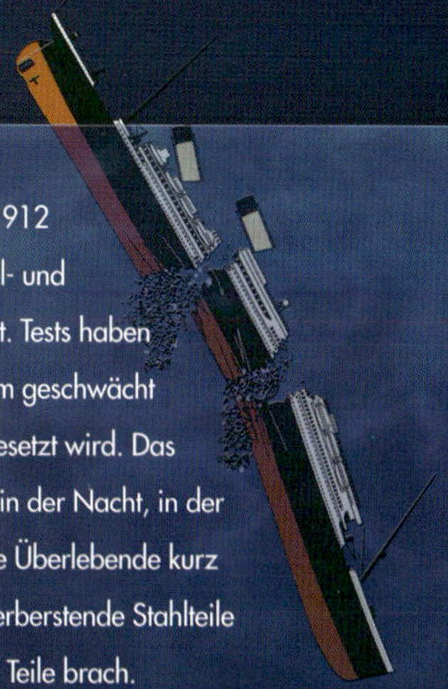

4. Auch die Stahlqualität kann mitverantwortlich gewesen sein. Der Großteil des 1912 produzierten Stahls enthielt hohe Schwefel- und Phosphorkonzentrationen und brach leicht. Tests haben ergeben, daß dieser „spröde Stahl" extrem geschwächt wird, wenn er −2 °C kaltem Wasser ausgesetzt wird. Das war die Temperatur, die der Nordatlantik in der Nacht, in der die *Titanic* sank, hatte. Die Geräusche, die Überlebende kurz vor dem Untergang hörten, können auf zerberstende Stahlteile zurückzuführen sein, als das Schiff in drei Teile brach.

6. Da der Bug der *Titanic* schon an der Oberfläche mit Wasser gefüllt war, wurde er durch den zunehmenden Wasserdruck beim Sinken nicht zerquetscht. Der Bug stürzte mit einer Geschwindigkeit von 50 km/h oder mehr nach unten. Dabei wurden Tausende von Gegenständen – darunter Teile der schweren Maschinen, aber auch Porzellan, Tafelsilber, Koffer und Möbel – herausgeschleudert und auf dem Meeresboden verstreut. Sie bilden das zwischen Bug und Heck befindliche Trümmerfeld.

7. Das vordere Ende des Bugs schlug auf dem Grund auf und versank fast 15 Meter im Schlick. Das hintere Ende wurde abrupt gegen das vordere gepreßt, und unter dem enormen Druck knickte der Rumpf ein.

▲

Ein von Rostzapfen bedeckter Zylinderkopf, Teil einer der riesigen Kolbendampfmaschinen der *Titanic,* die so hoch waren wie ein vierstöckiges Haus, taucht aus der Dunkelheit auf. Links: Eine aus dem Trümmerfeld der *Titanic* geborgene Silberschale.

bis zur Unkenntlichkeit zerstört ist. Was geschah mit Bug und Heck der *Titanic*, während sie auf den Meeresgrund sanken?

Um dieser Frage nachzugehen, tauchte David Livingstone von Harland & Wolff im August 1996 mit der *Nautilus* zum Wrack und inspizierte das Heckteil bzw. den Haufen verformten Metalls, der davon übrig ist. Dazu wurde das Wrack so hell angestrahlt wie noch nie zuvor. Vier Lichtmasten, jeder so groß wie ein LKW, 3 Tonnen schwer und eine Million Dollar teuer, wurden zum Wrack hinabgelassen. Auf jedem Mast waren fünf batteriebetriebene 1200-Watt-Halogenflutlichter montiert. Ihre Quartzlampen erzeugten so viel Licht wie 35000 konventionelle Glühlampen und konnten einen Druck von mehr als 55000 Kilopascal aushalten. Die Wirkung auf dem Meeresgrund war „unglaublich“, wie Livingstone sagte. „Es kam zwar nicht ganz an ein Stadion mit Flutlicht heran, aber es war schon phantastisch, vor allem im Vergleich zu vorher.“ Noch nie war so viel Licht auf die *Titanic* oder irgendein anderes in der Tiefe des Ozeans liegendes Objekt geworfen worden. Das ermöglichte Livingstone einen genauen Blick auf die Heckpartie, die komplett zerstört ist. „Es sieht aus, als wäre das Ganze hochgehoben, geschüttelt und fallengelassen worden ... Es gibt kein Muster der Beschädigung“, erklärte Livingstone. „Man sieht Rohre, deren Flansche noch völlig intakt sind, und daneben andere Rohre, die total kaputt sind.“ Livingstone stellte auch fest, daß eine der riesigen, viereinhalb Stockwerke hohen und 1000 Tonnen schweren Maschinen in der Mitte zersprungen zu sein schien, auch das ein Beweis für die immensen Kräfte, die während des Untergangs auf den Rumpf einwirkten. Er erkundete auch einen enormen 60-Grad-Knick unterhalb der Brücke auf der Backbordseite des Bugs, eine gewaltige Deformation, die erst auf der 1996er Expedition entdeckt wurde.

An Bord des Forschungsschiffes versuchten Livingstone und Garzke dann zu rekonstruieren, was mit Bug und Heck geschehen war, nachdem sie ins Wasser eingetaucht waren. Sie kamen zu der Auffassung, daß der Bug vom zunehmenden Wasserdruck nicht zerstört wurde, weil er schon vor dem Untergang mit Wasser gefüllt war. Der Knick, den er am Bug sah, könnte nach Aussagen von Livingstone Aufschluß darüber geben, was auf dem Grund geschah. Die Platten des Bugteils wurden zusammengedrückt, während die *Titanic* sank, so Livingstones Annahme. Als das Vorderteil des Bugs dann abrupt auf dem Boden aufschlug, wurde das Hinterteil möglicherweise so heftig dagegengepreßt, daß der Rumpf von diesem Aufprall wie eine Ziehharmonika zusammengefaltet wurde.

Wie das Heck auf dem Grund ankam, ist schwerer nachzuvollziehen. Der chaotische Eindruck, den die Hecktrümmer machen, ist ein wichtiger Schlüssel. Livingstone und Garzke sind der Meinung, daß das Schiff auseinanderbrach, nachdem der Bug das Heck unter Wasser gezogen hatte. Als das Heckteil sank, brachte der enorme Wasserdruck die im Heck befindliche Luft zur Implosion. Livingstone schlußfolgerte, daß das Heck mit dem hinteren Ende zuerst aufgeschlagen sein muß, weil die Schiffsschrauben seltsam nach oben gebogen sind. Alles, was nicht fest mit dem Rumpf des Hecks verbunden war, wurde beim Aufprall wahrscheinlich weggeschleudert.

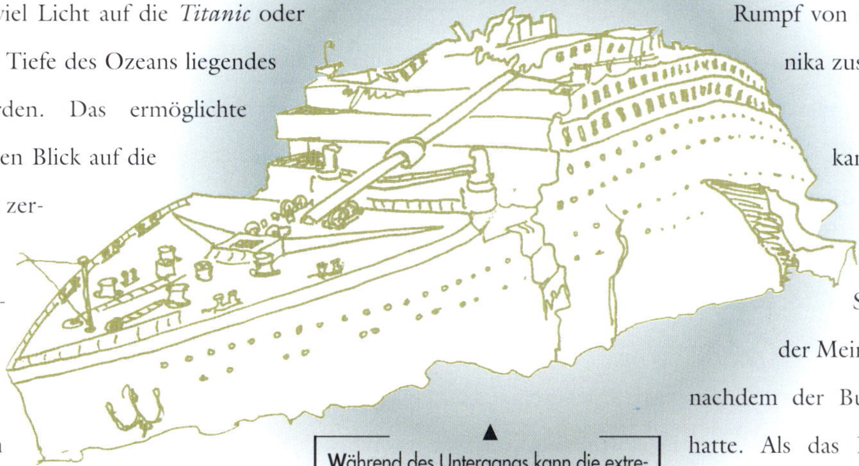

▲ Während des Untergangs kann die extreme Belastung der Stahlplatten des Rumpfes die lauten Geräusche hervorgerufen haben, von denen Überlebende berichteten. Die Experten sind der Meinung, daß das in den Bug eingedrungene Meerwasser diesen davor bewahrt hat, vom zunehmenden Wasserdruck zerquetscht zu werden, als das Schiff sank.

Das letzte Kapitel

Bei der Entdeckung des Wracks im Jahre 1985 ist noch etwas anderes klargeworden: Die *Titanic* wird irgendwann zerfallen, da der Rost ununterbrochen an ihr nagt. Wie schnell das Schiff verrostet, blieb allerdings ein Rätsel. Um dieses der Lösung zumindest etwas näher zu bringen, nahm der kanadische Mikrobiologe Dr. D. Roy Cullimore an der *Titanic*-Expedition von 1996 teil. Er wollte feststellen, welche Arten von Bakterien und anderen Kleinstlebewesen den Rumpf der *Titanic* besiedelt haben und wie schnell das Wrack zerfällt. Cullimore ist ein Experte für die sogenannten „Rostzapfen", die bizarren, eisenreichen Gebilde, die den Großteil des dem Wasser ausgesetzten Wracks bedecken. Die Rostzapfen werden von Mikroben gebildet, die dem Schiff Eisen entziehen. Cullimore kam zu dem Schluß, daß sie die Hauptursache für den unabwendbaren Zerfall der *Titanic* sind. „Das Schiff löst sich auf", erklärte er, „weil die Rostzapfen immer mehr Eisen aus dem Stahl heraussaugen." Im Ergebnis dessen, so seine Vorhersage, wird das Schiff als solches eines Tages in sich zusammenfallen.

In Vorbereitung der mikrobiologischen Untersuchungen wurden von der *Nautilus* aus Kunststoffbehälter mit speziell präparierten Röhrchen am Bug der *Titanic* ausgesetzt, die zwei Wochen dort bleiben sollten. Jedes Röhrchen enthielt einen in Gaze gewickelten Schlauch, ein kurzes Stück Farbdiafilm und eine Mixtur aus Nährstoffen und Eisensalzen als Köder für die Mikroben. *Nautilus* sammelte unterschiedlich geformte Exemplare von Rostzapfen von verschiedenen Bugabschnitten ein, damit sie von Cullimore analysiert werden konnten, und nach zwei Wochen brachte das Tauchboot auch die Röhrchen wieder nach oben. Bakterienkolonien aus den am Schiffsrumpf wachsenden Rostzapfen hatten ihren Weg in die Röhrchen gefunden und die Eiweißemulsion auf dem Film verzehrt. In seinem mobilen Labor an Bord des Forschungsschiffes *Ocean Voyager* untersuchte Cullimore die Filmstreifen und entdeckte farbige Spuren, ein Ergebnis der Verdauung der Emulsion durch die Bakterien. Cullimore wertete diese Spuren als Anzeichen dafür, daß es an der *Titanic* eine beträchtliche Vielfalt an Lebewesen gibt. „Es ist ein kompliziertes System, und es ist nicht nur eine Art", erklärte er. Auch die Hüllschicht der Rostzapfen beherbergt zahlreiche Mikroorganismen; Cullimore fand Bakterien und Schimmelpilze, die er kultivieren will, um herauszufinden, wie sie sich in diesen zerbrechlichen eisenhaltigen Gebilden vermehren. Eine der faszinierendsten Tatsachen im Hinblick auf die Rostzapfen, so Cullimore, ist ihre enorme Komplexität. Sie sind im Grunde genommen ein Netz von Wasserkanälen, Röhren und Hohlräumen, und sie besitzen eine enorm große Oberfläche. „Wenn man 65 Tonnen Rostzapfen vom Bug der *Titanic* entfernen und ausgebreitet aneinanderlegen würde, ergäbe das eine Gesamtfläche von fast 60000 km^2." Cullimore weiß, daß Rostzapfen hochkomplexe Gemeinschaften sind, er weiß aber auch, daß die Wissenschaftler noch bei weitem nicht alle Einzelbestandteile kennen. „Das ist ein völlig neues Forschungsgebiet, bei dem wir noch ganz am Anfang stehen – an der Grenze zu einem weiteren Universum."

Um die letzte Frage – wieviel Zeit der *Titanic* noch bleibt – beantworten zu können, hat Cullimore bei jeder Analyse eines Rostzapfenexemplars etwas vom Eisen des Schiffes extrahiert. Auf der Grundlage der gesammelten Eisenmenge konstatierte er, daß an einigen Stellen die Rumpfplatten schon zur Hälfte von diesen eisenfressenden Bakterien aufgezehrt wurden. Da das Schiff immer mehr Eisen an die Rostzapfen verliert, wird es eher früher als später in sich zusammenstürzen. Schließlich wird die *Titanic* auf dem Meeresgrund zu Staub zerfallen.

▲

Bizarre Gebilde mit hohem Eisengehalt, sogenannte „Rostzapfen", bedecken den Großteil des aus dem Schlamm ragenden Rumpfes der *Titanic*. Sie sind eine komplizierte Ansammlung von Wasserkanälen, Röhren und Hohlräumen. Eine einzige Tonne Rostzapfen würde auseinandergebreitet eine Fläche von fast 1000 Quadratkilometern bedecken.

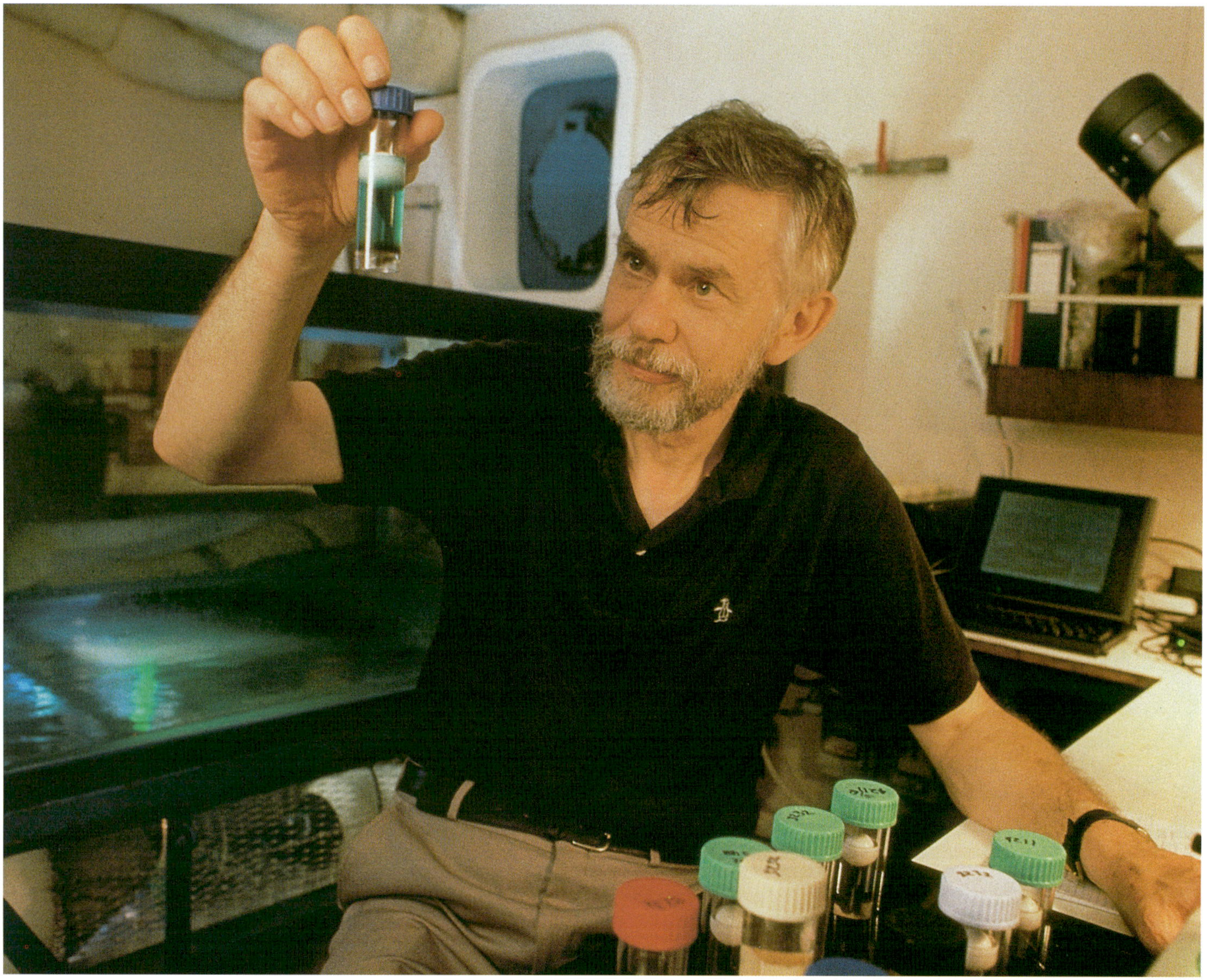

▲

In seinem Labor auf dem Forschungsschiff *Ocean Voyager* untersucht Dr. D. Roy Cullimore, Mikrobiologe von der University of Regina in Saskatchewan, Kanada, Röhrchen mit Bakterien, die von der *Titanic* stammen.

▶

Rostzapfen bilden die unterschiedlichsten Formen, so gibt es tropfsteinähnliche, flache und dornenartige. Die von Mikroben gebildeten Rostzapfen entziehen dem Schiff Eisen und zerstören es auf diese Weise allmählich, bis es schließlich zu Staub zerfällt. Bei der 1996er Expedition wollte Cullimore die eisenfressenden Bakterien identifizieren und berechnen, wie schnell sich die *Titanic* auflöst.

DIE SPUR DER ZEIT

Diese goldene Armbanduhr wurde 1987 in gutem Zustand gefunden und zusammen mit anderen Wertsachen geborgen. Links: Das französische U-Boot *Jules* unterstützt das Expeditionsteam bei Aufgaben auf der Wasseroberfläche.

DIE ZEIT STEHT AUCH in der Tiefe des Meeres nicht still. Das Wrack der *Titanic* zerfällt allmählich zu Staub, und es gibt keine Möglichkeit, es zu retten. Auch die auf dem Grund des Atlantik verstreuten Gegenstände – die alles sind, was von den Passagieren und Besatzungsmitgliedern der *Titanic* im physischen Sinne übrigblieb – werden der Unwirtlichkeit des Ozeans eines Tages Tribut zollen müssen. Werden sie nicht vorher gehoben, werden diese historischen Stücke von Bakterien zersetzt, von Salz und Säure zerfressen und von Sedimenten abgeschliffen, bis sie schließlich im mächtigen Atlantik aufgehen und höchstens einen Fleck auf dem Meeresboden hinterlassen.

Trotzdem haben die Bemühungen, diese greifbaren Erinnerungsstücke – von Uhren und Kochtöpfen über die imposanten Pfeifen des Schiffes bis hin zur großen Glocke vom unteren Vormast – vor diesem Schicksal zu bewahren, von Beginn an Proteste von einigen wenigen hervorgerufen, die es lieber sehen würden, wenn das Wrack eine Gedenkstätte wäre und unangetastet bliebe. Diejenigen, die der Meinung sind, daß die Gegenstände von historischer Bedeutung sind und gerettet, restauriert und der Öffentlichkeit zugänglich gemacht werden sollten, wurden als Grabräuber beschimpft. Ein Kritiker äußerte, es sei „nicht notwendig, das Grab [der *Titanic*] zu plündern, bei den betroffenen Familien alte Wunden wieder aufzureißen und Kon-

IFREMER
MOC

daran", so Dr. Eric Kentley, Chefkurator des National Maritime Museum, „daß diese Objekte zusammengehalten werden, daß sie sorgfältig geborgen, adäquat dokumentiert und restauriert und schließlich öffentlich ausgestellt werden."

***

ES IST JEDOCH SCHON physikalisch ausgesprochen kompliziert, Gegenstände aus der Tiefsee zu bergen, dazu entstehen enorme Kosten, und ungefährlich sind solche Unternehmungen auch nicht, bei denen nur der Einsatz modernster Technik Erfolge verspricht. Expeditionsleiter P.-H. Nargeolet von IFREMER, der auch Mitglied des französisch-amerikanischen Teams war, das die *Titanic* 1985 entdeckte, ist der Auffassung, daß der Grund des Atlantischen Ozeans „die unwirtlichste und gefährlichste Umgebung ist, die der Mensch kennt. In diese Tiefen mit ihrem enormen Druck zu tauchen, stellt uns vor technische Herausforderungen, die weit hinausgehen über die der Erforschung des Weltraums, wo kein Druck herrscht. Es ist also kein Zufall, daß seit dem ersten Mondspaziergang eines Menschen noch fast zwei Jahrzehnte vergingen, bevor wir in der Lage waren, auf dem Grund des Ozeans zu arbeiten."

Alle Bergungsexpeditionen zur *Titanic* verdanken ihren Erfolg den Fähigkeiten des IFREMER-Tiefseetauchbootes *Nautilus,* das die Rekordzahl von 96 Tauchgängen zum Wrack absolvierte – das entspricht sechs Monaten auf dem Meeresgrund. Nachdem es die vier Kilometer bis zum Grund im freien Fall zurückgelegt hat, verbringt das Tauchboot Stunden mit dem sorgsamen Einsammeln von Gegenständen vom Meeresboden, wo Druckverhältnisse herrschen wie unterhalb der Triebwerke des Space Shuttle beim Start. Die Bergung der Objekte wird möglich durch die beiden beweglichen Roboterarme der *Nautilus,* die vom Piloten bedient werden. Die mit Schaufel-, Greif- und der patentierten IFREMER-Vakuumsaugtechnik ausgestatteten Arme können kleine, zerbrechliche Gegenstände, wie z.B. Teetassen und Glasschüsseln, genauso heben wie schwere Schiffsteile, wie z.B. massive Schiffspoller und Rettungsboot-Davits. Nachdem die Roboterarme der *Nautilus* die Gegenstände vorsichtig vom Meeresboden gehoben haben, werden sie abgelegt, entweder in einem vorn am Boot angebrachten einziehbaren Korb oder in mit syntaktischem Schaumstoff ausgepolsterten Drahtkäfigen, die vom Mutterschiff *Nadir* aus auf den Grund hinabgelassen wurden.

▲ Die beweglichen Arme der *Nautilus* können sowohl kleinste Objekte als auch schwerere Schiffsteile vom Meeresboden einsammeln. In dieser Reisetasche aus Leder fand man Münzen, Geldscheine, Ringe, Uhren, Armbänder und Ketten. Sie wurde im LP3-Conservation-Labor in Frankreich sorgfältig restauriert. Gegenüberliegende Seite: Die moderne Erkundungs- und Bergungstechnik der Nautilus hat es ermöglicht, daß fast 5000 Gegenstände von der *Titanic* gehoben werden konnten.

Bei der ersten Bergungsmission im Sommer 1987 sammelte die *Nautilus* im Verlauf von 32 Tauchgängen ca. 1800 Objekte der verschiedensten Art aus dem großen Trümmerfeld der *Titanic* ein. Zu den bei dieser Expedition geborgenen *Titanic*-Relikten gehörten ein vergoldeter Leuchter, der Kompaß, der Steuerradständer und zwei Telegraphen von der Dockingbrücke am Heck des Schiffes, eine der Schiffsglocken, ein Bullauge, ein Bronzeengel und ein unversehrtes Bleiglasfenster. Die Techniker, die bei dieser ersten Mission mit der *Nautilus* zum Wrack hinuntertauchten, waren erstaunt über den bemerkenswert guten Zustand, in dem sich viele der gefundenen

◄

Um schwere Schiffsteile, wie z.B. einen 3 Tonnen schweren Schiffspoller, an dem die Vertäuleinen der *Titanic* befestigt waren, heben zu können, läßt die Besatzung der *Nadir* Hebekissen zum Meeresgrund hinab. Als Ballast dienen dabei schwere Ketten. Die Kissen werden am entsprechenden Gegenstand befestigt. Nach Entfernung des Ballasts heben die Kissen den Gegenstand an die Oberfläche.

▲

Besatzungsmitglieder füllen die Hebekissen mit Dieselkraftstoff, der leichter als Wasser ist. Er wird nach der Hebung in die Tanks der *Nadir* zurückgepumpt.

Objekte befanden. Geschirrteile aus massivem Silber, Messing und Kupfer sahen aus, als seien sie gerade von einer Küchenhilfe poliert worden, und 238 unbeschädigte Auflaufformen wurden so gefunden, wie sie 1912 in eine Holzkiste gestapelt worden waren. Die Kiste selbst war inzwischen längst zerfallen.

Auf der zweiten von RMS *Titanic* durchgeführten Expedition im Juni 1993 wurden 15 acht- bis zwölfstündige Tauchgänge absolviert, bei denen weitere 800 Gegenstände gehoben wurden – viele von großem historischen Wert, wie z.B. eine der großen Pfeifen des Schiffes, ein Rettungsbootdavit und ein Teil von einer der riesigen Kolbendampfmaschinen des Liners. Im Verlauf dieser Mission erkundeten die Techniker den Rumpf der *Titanic* mit Hilfe von *Robin*, einem ferngesteuerten Kameraroboter, der in Bereiche vordringen kann, die für die *Nautilus* selbst zu eng und gefährlich sind. *Robin* erkundete den großen Treppenaufgang mit seinen gespenstisch anmutenden Leuchtern und warf durch einen breiten Spalt im Rumpf der *Titanic* einen Blick in den Postsortierraum des Schiffes, in dem seit April 1912 Säcke mit nie zugestellten Briefen liegen. Im darauffolgenden Sommer absolvierte die *Nautilus* 18 weitere Tauchgänge zum Wrack und sammelte zerbrechliche Gegenstände ein, darunter eine Kamera, eine goldene Taschenuhr, Souvenirteller aus Holland und das Fernglas eines Passagiers. Bei dieser Mission barg das Team auch ein riesiges Schiffsteil – einen massiven, drei Tonnen schweren Schiffspoller, an dem einst die Vertäuleinen des Schiffes befestigt waren. Um das riesige Stück Metall zu heben, befestigte die *Nautilus* ein Drahtseil darum, das wiederum mit großen Hebekissen verbunden war. Diese mit Dieselkraftstoff, der leichter als Wasser ist, gefüllten Kissen hoben den enormen Poller die fast 4000 Meter bis an die Oberfläche.

Im August 1996 versuchte das gemeinsame Team von RMS Titanic und IFREMER, ein noch größeres Stück zu heben – ein 7 m langes und 4,20 m breites Teil des *Titanic*-Rumpfes von mittschiffs, das im Trümmerfeld lag. Das ca. 20 m östlich vom Heckteil liegende Stück war 1993 entdeckt und 1994 genau erkundet und vermessen worden. David Livingstone von Harland & Wolff und der Historiker John Eaton kamen zu der Auffassung, daß das stiefelförmige Teil einst Teil der Außenwand von zwei Erste-Klasse-Kabinen gewesen war – C79 und C81, die unbelegt geblieben waren und sich neben jener Kabine befanden, die W. T. Stead, den bekannten britischen Journalisten, beherbergte. Das Gewicht des Stückes, dessen Höhe der eines dreistöckigen Hauses entsprach, wurde auf etwa 22 Tonnen geschätzt. Um dieses riesige Rumpfteil zu heben, umspannte die *Nautilus*-Crew es mit Seilen, an denen Stahlringe befestigt waren. Die Seile wurden dann mit Hebekissen verbunden, von denen man hoffte, sie könnten das Teil an die Oberfläche bringen. Es sollte dann auf ein Bergungsschiff – die *Jim Kilabuk* aus St. Johns, Neufundland, die die Expedition unterstützte – gehievt und zur Restaurierung

▲ Das Team der Expedition von 1996 versuchte, ein riesiges Stück der Rumpfverkleidung zu heben, das ca. 20 m vom Heckteil entfernt lag (vorhergehende Seiten und oben). Dieser Versuch scheiterte jedoch an schlechten Witterungsbedingungen. Das Team schaffte es, das Teil so weit zu heben, daß es nur noch 65 m von der Oberfläche entfernt war, doch dann rissen die Nylonseile in den hohen Wellen, und das Teil sank zurück auf den Grund. Es landete aufrecht im Schlamm, 16 km von seiner ursprünglichen Position entfernt.

▲

Dr. Stéphane Pennec von LP3 Conservation in Frankreich untersucht den Korrosionsgrad an zwei Schiffspollern der *Titanic*. Links: Ein anderes Paar von Pollern liegt noch auf dem schlammigen Grund des Ozeans.

fläche von metallenen Objekten, vor allem solchen aus Eisen, kann bei Kontakt mit Luftsauerstoff unter Dampfen und Zischen regelrecht explodieren. Der Zustand von Holz, Leder, Papier und anderen organischen Materialien kann sich sehr schnell verschlechtern, wenn sie anfangen zu trocknen, denn Bakterien und Pilze vermehren sich unter Einwirkung von Luftsauerstoff rascher. Das führt dazu, daß die wassergetränkten Fasern ihre Form verlieren. Deshalb werden alle Gegenstände sofort stabilisiert, nachdem sie an die Oberfläche gebracht worden sind. An Bord des Schiffes werden sie zunächst mit einer weichen Bürste gereinigt und dann in wassergefüllte und mit Schaumstoff ausgekleidete Behälter gelegt. Für die Dokumentation werden Fotografien und Zustandsberichte angefertigt, außerdem werden die Gegenstände genau vermessen, bevor sie zur Weiterbehandlung an Land gebracht werden.

Mit der Restaurierung der auf der ersten RMS-Titanic-Expedition geborgenen Gegenstände wurde das Forschungslabor von Electricité de France (EDF) beauftragt. Da die große Zahl der seit 1987 gehobenen Objekte dessen Kapazität überstieg, übernahm später LP3 Conservation diese Aufgabe, ein unabhängiges, mit EDF zusammenarbeitendes Labor in Burgund, das vorrangig im Auftrag von Museen und privaten Sammlern arbeitet. Dort leiten Dr. Stéphane Pennec – Archäologe und ehemaliger Direktor des EDF-Forschungslabors – und Martine Plantec ein Team von Experten für Meeresarchäologie, ethnographische Materialien, Metall, Textilien, Holz und Papier. Die Restauratoren bei LP3 verfolgen einen minimalistischen Ansatz – sie stellen die Gegenstände so weit wieder her, daß sie aussehen wie bei ihrer Entdeckung. Sie sind der Meinung, daß die Objekte realistischer und überzeugender wirken, wenn die Spuren ihrer traumatischen Geschichte sichtbar bleiben.

Sobald die Gegenstände im Labor eintreffen, werden sie mehrfach mit vollentsalztem Wasser gewaschen, damit an der Oberfläche befindliche schädliche Salze ausgespült werden. Dann werden sie weiterbehandelt, um auch tief ins Material eingedrungene Salze und andere potentiell zerstörerische Substanzen zu entfernen. Dabei hat sich das Verfahren der Elektrolyse als besonders wirksam für die Behandlung metallener Objekte erwiesen, von einem Aluminium-Megaphon, das möglicherweise von Kapitän Smith benutzt wurde, bis hin zu den verschnörkelten, in Sand gegossenen Bronzeständern einer Deckbank. Da Meerwasser Elektrizität leitet, weisen Metallgegenstände, die lange im Meer gelegen haben, einen ganz geringen Stromfluß auf. Dadurch werden negativ geladene Ionen aus gelösten Salzen veranlaßt, unebene Oberflächen des Metalls anzugreifen, z.B. Risse und Nähte. Einige Objekte aus Metall sind zwar zu stark beschädigt, um gerettet werden zu können – dazu zählen vor allem solche aus weniger dichten Materialien, Legierungen oder verschiedenen Metallen –, doch oft gelingt es den Restauratoren, den Korrosionsprozeß zumindest teilweise umzukehren. Dazu werden die Gegenstände in ein chemisches Bad gelegt, mit dem Negativpol einer Batterie verbunden und

▲ Im LP3-Conservation-Labor in Burgund, Frankreich, säubert ein Experte für Papierrestaurierung mit größter Sorgfalt ein Kartenspiel, das Howard Irwin gehörte. Die Karten wurden bei der Expedition von 1993 aus dem Trümmerfeld geborgen.

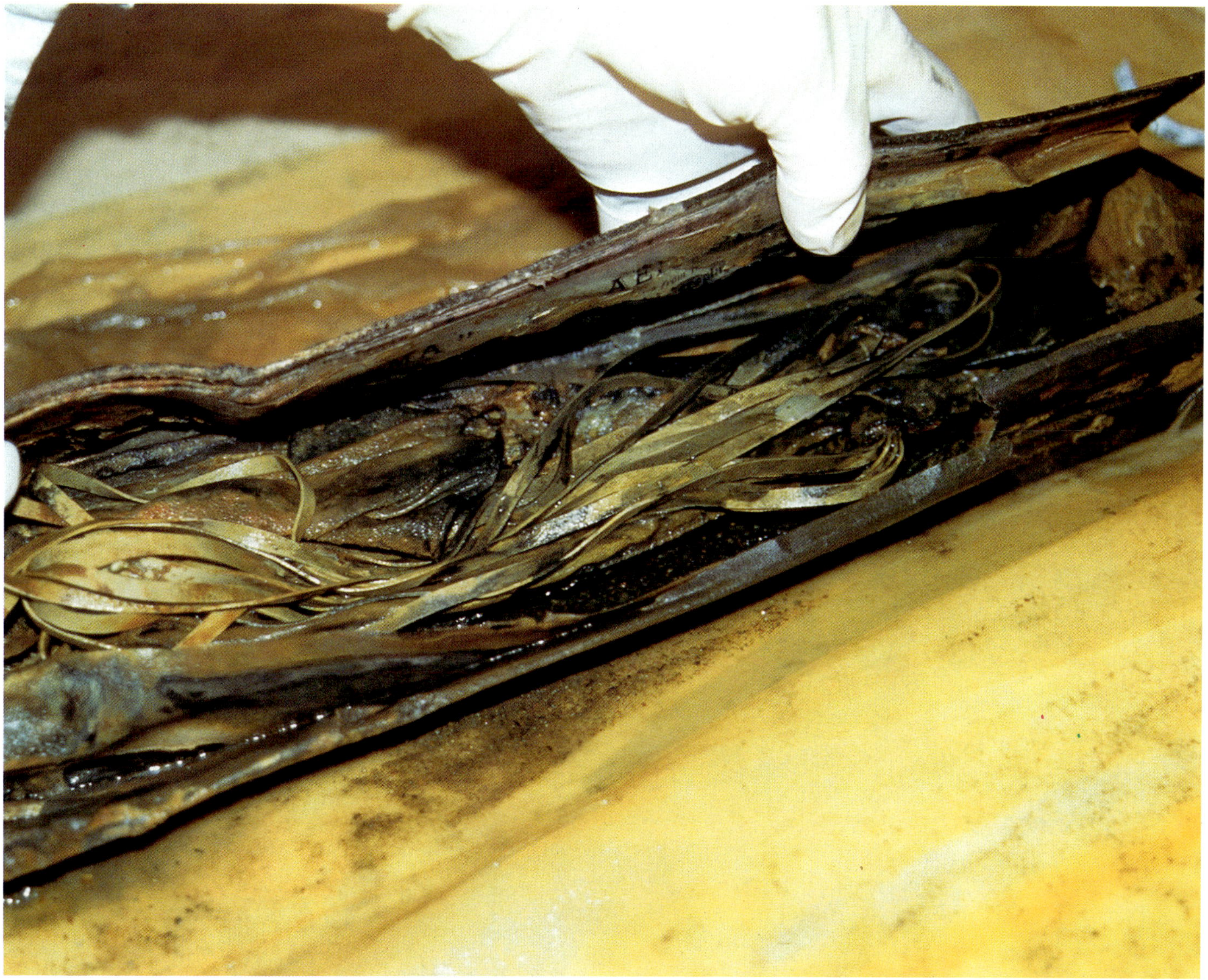

▲

Dieser Gegenstand, ein Kinderbaukasten für ein Modellflugzeug, in dem auch die Anleitung und die Gummibänder für das Aufziehen des Propellers noch vorhanden waren, weist schwarze Sulfid-Flecke auf. Links: Eine Silberschale mit dem White-Star-Emblem nach der Behandlung.

mit einem Metallkäfig abgedeckt, der an einen positiven Pol angeschlossen ist. Der Strom zieht die negativ geladenen Ionen und das Salz aus dem Metall, womit der Korrosionsprozeß im Prinzip rückgängig gemacht wird.

Die mit den *Titanic*-Relikten befaßten Wissenschaftler haben herausgefunden, daß mit Hilfe von elektrischem Strom auch Salze aus Papier, Leder und Holz herausgelöst werden können. Diese Materialien werden auch mit chemischen Mitteln gegen Rost sowie mit Rauch gegen Schimmelbefall behandelt. In Gegenstände aus organischen Materialien, wie z.B. Holz oder Leder, kann darüber hinaus Polyäthylenglykol injiziert werden, ein wasserlösliches Wachs, das die Hohlräume ausfüllt, die das Wasser beim Trocknen hinterlassen hat. Die Restauratoren haben es bis jetzt mit einer erstaunlichen Vielfalt von Objekten aus organischen Materialien zu tun gehabt, die mehr als acht Jahrzehnte auf dem Meeresgrund überstanden haben. Ganze Koffer wurden geborgen, in denen sich noch Hosen, Hemden und Handschuhe befanden. Der größte Schatz von der *Titanic* ist jedoch die immense Menge an Papier, die aus der Tiefe geborgen wurde, darunter Notenblätter, persönliche Briefe und Geldscheine. Daß diese Gegenstände überlebt haben, ja sogar in recht gutem Zustand waren, hat die Restauratoren wirklich erstaunt. „Es ist unglaublich", kommentierte Dr. Pennec. „Niemand hätte geglaubt, daß Papier nach mehr als achtzig Jahren auf dem Meeresgrund geborgen werden könnte." Das meiste Papier entging dem Zerfall, da es sich in Ledertaschen befand. Mit neuesten Verfahren kann in vielen Fällen sogar die volle Lesbarkeit wieder hergestellt werden. Das Papier wird zunächst gefriergetrocknet, um alles Wasser zu entfernen. Dann wird es gegen Schimmel behandelt und wieder in Form gebracht. Insgesamt sind die Bedingungen im Labor auf die empfindlichen Gegenstände abgestimmt, es herrscht eine konstante Temperatur und Luftfeuchtigkeit, und die Objekte sind vor Sonnenlicht geschützt.

Bisher wurden Hunderte *Titanic*-Relikte restauriert. Sie werden nunmehr in aller Welt gezeigt. Nach Ausstellungen in Frankreich, Norwegen und Schweden folgte die große Schau im National Maritime Museum im englischen Greenwich – ein Ereignis, das mehr als 700000 Menschen anzog, das ist die größte Besucherzahl in der Geschichte des Museums. Es folgten Memphis, Tennessee, und Hamburg. Weitere Ausstellungen in Nordamerika und Europa sind geplant. RMS Titanic hofft, den Ausstellungsstücken schließlich eine dauerhafte Heimstatt geben zu können. Dazu ist der Bau eines Schiffes geplant, das die Gegenstände in alle Teile der Welt bringen kann, eine ganz gegenständliche Verbindung schafft zu einer der größten Tragödien aller Zeiten und die Erinnerung an die *Titanic* und ihre umgekommenen Passagiere und Besatzungsmitglieder wachhält.

Dieser Stapel Postkarten von einem Passagier wird unter Einsatz neuester Verfahren restauriert.

▲
Ein Restaurator zerlegt diesen Stapel Postkarten sorgfältig in seine Bestandteile, nachdem das Papier gefriergetrocknet wurde, um alles Wasser zu entfernen. Links: Eine glasierte italienische Vase mit dem White-Star-Emblem.

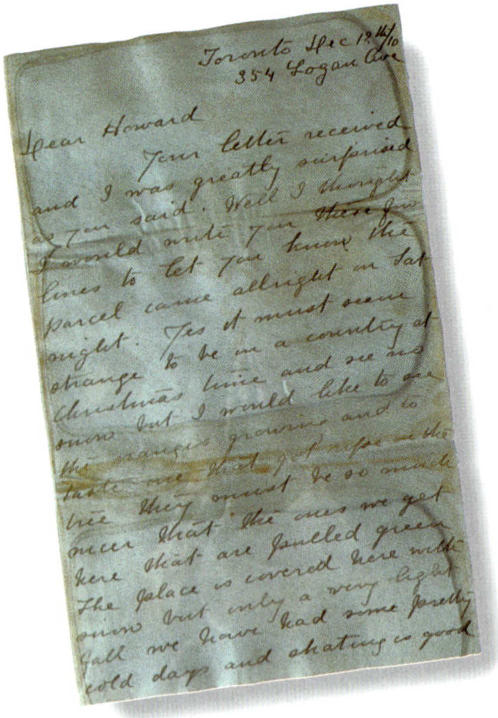
Toronto Dec 12th/10
354 Logan Ave

Dear Howard
Your letter received and I was greatly surprised at you said. Well I thought I would write you these few lines to let you know the parcel came allright on Sat night. Yes it must seem strange to be in a country at Christmas time and see no snow but I would like to see the oranges growing and to taste one that got ripe on the tree they must be so much nicer that the ones we get here that are pulled green. The palace is covered here with snow but only a very light fall we have had some pretty cold days and skating is good

▲

Ein Brief, der in der Reisetasche von Howard Irwin gefunden wurde. Irwin war möglicherweise unter einem anderen Namen an Bord gegangen, nachdem er Australien und andere Teile der Welt bereist hatte. Der Brief ist von einer gewissen Mrs. Shuttle – der Mutter von Pearl Shuttle, einer kanadischen Varietékünstlerin, deren Freund Irwin war.

In Mrs. Shuttles Brief heißt es u.a.:

„Ja, es muß seltsam sein, Weihnachten in einem Land zu verbringen, in dem es keinen Schnee gibt, doch ich würde gern die Orangen wachsen sehen und eine kosten, die am Baum gereift ist. Sie schmecken dann sicher so viel besser als die, die wir hier bekommen, die grün gepflückt werden ... Ich hoffe, Sie haben angenehme Weihnachten und einen schönen Jahreswechsel ... Ich wünsche Ihnen Wohlergehen, wo immer Sie auch sind. Mit freundlichen Grüßen, Mrs. Shuttle."

▲ **F**ünf-Pfund-Schein der Bank of England.

▲ **V**isitenkarte.

▲ **G**epäckanhänger der Zweiten Klasse.

▲

Diese Aktienurkunde besagt, daß Franz Pulbaum Anteile an einer Firma hatte, die „Amüsiergeräte" herstellte.

Dinnercoupon. ▶

Postkarte eines Passagiers. ▼

◀ **F**ünf-Dollar-Schein der California National Bank.

▲ **B**ronzeengel, der wahrscheinlich den hinteren Treppenaufgang der Ersten Klasse auf Deck A schmückte.

Versilberte Servierplatte. ▼

Nickel-Kasserolle. ▶

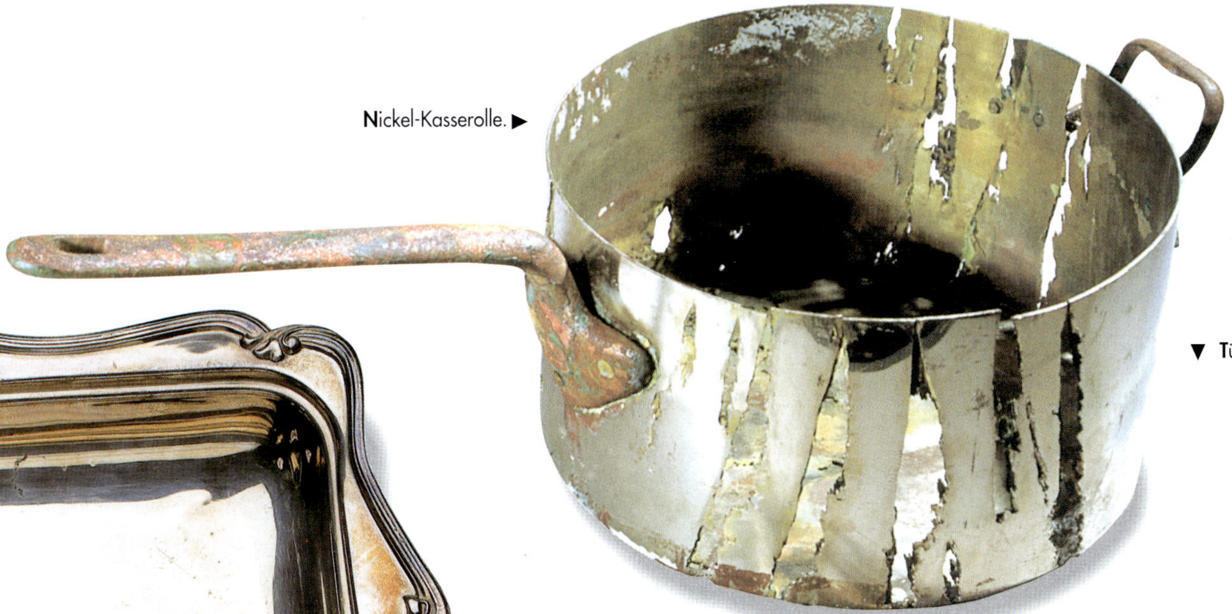

▼ **T**ürgriff, möglicherweise von einem Gefrierschrank.

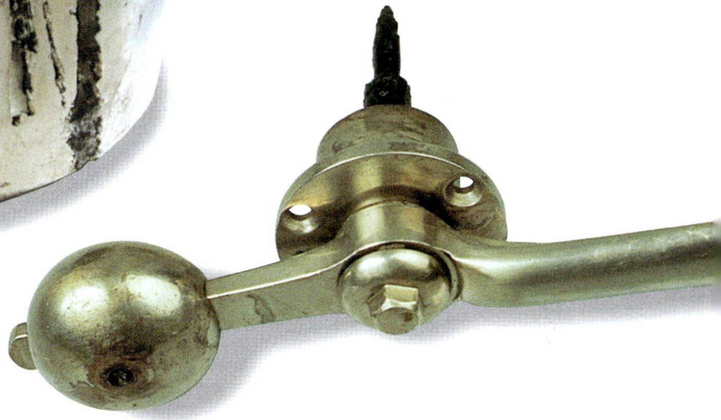

▼ **M**essingspucknapf mit dem White-Star-Emblem.

▼ **K**ohle aus dem Maschinenraum der *Titanic.*

◄ **S**tänder für das Steuerrad.

▲ **N**iederganglampe.

Messingglocke. ►

◄ **V**ergoldeter Leuchter von einem Treppenabsatz in der Ersten Klasse.

▼ **S**chiffskompaß.

▲ **A**rmband aus Gold und Silber.

▲ **S**ilberfiligrananhänger mit 68 durchsichtigen Steinen.

▲

Diese goldene Taschenuhr wurde bei der Expedition von 1987 geborgen. Sie gehörte Thomas Brown, der mit seiner Frau und seiner sechzehnjährigen Tochter Edith auf der *Titanic* reiste. Brown kam ums Leben, doch seine Frau und Tochter entkamen auf einem Rettungsboot. Die Uhr wurde Edith Brown Haisman zurückgegeben, als sie 91 Jahre alt war. Sie hielt sie bis zu ihrem Tod im Januar 1997 in Ehren. Jetzt ist die Uhr Bestandteil der weltweit gezeigten Ausstellung von *Titanic*-Gegenständen.

▲ **N**adel mit chinesischen Buchstaben, die für Glück stehen.

▲ **G**oldene Anstecknadel mit zwei Diamanten.

▲ **P**latinring mit Diamanten.

▲ **M**anschettenknöpfe aus Gold, schwarzem Onyx und Diamanten.

◄ Grüne Glasflasche mit innenliegendem Korken.

◄ Geschliffene Kristallkaraffe.

▲ Haarwasserflasche.

▲ Glasflasche

▲ Champagnerflasche, deren Korken noch an seinem Platz ist.

▲ Verkorktes Glas mit Oliven.

▲ **T**eller, Untertasse una Tasse aus Spode-Porzellan, Geschirr aus der Ersten Klasse.

◄ **S**teingutdose mit Samen.

▲ **N**achttopf.

Suppenteller aus der Dritten Klasse. ►

▼ **S**ervierplatte aus Keramik.

Souvenirgießkanne ►
in Miniaturausführung.

▲ **F**laschenhülle aus Leder.

▲ **S**chmuckdose aus Silber mit Monogramm.

▼ **S**chuhbürste mit Naturborsten.

◄ **C**remedose aus Keramik.

▲ **W**aterman-Füllfederhalter.

▲ **S**ilberetui mit Knöpfen, Manschettenknöpfen und einer Schnalle.

▲ **D**iese Stewardjacke wurde zusammengerollt und mit Eisenflecken gefunden. Sie war mit dem Namen „Broome" gezeichnet.

◄ Etikett von Crown Barber Supply.

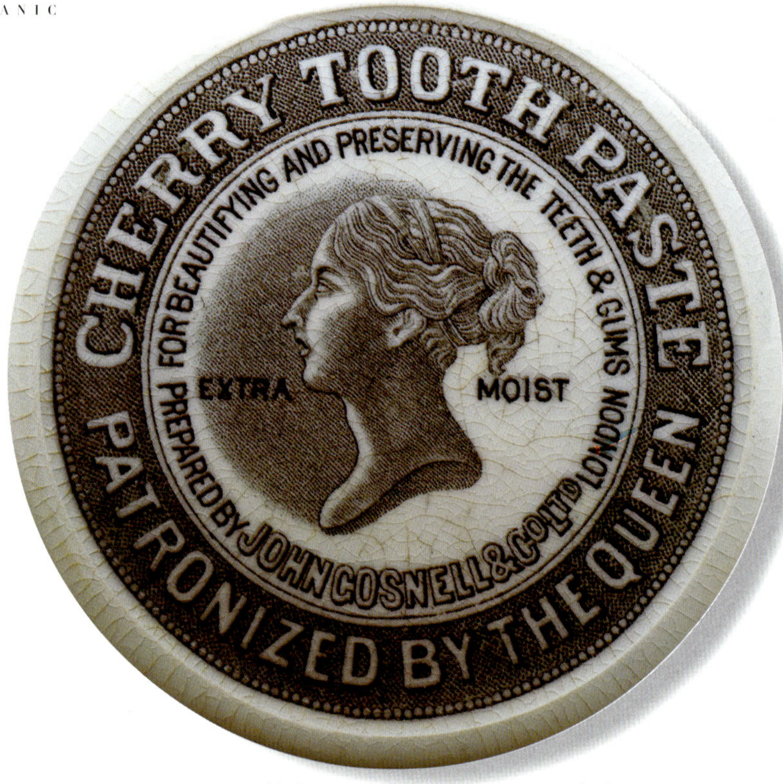

▲ Verschluß eines Gefäßes, das Zahnpaste enthielt. Das Porträt zeigt Königin Victoria.

◄ Williams-Rasierseife.

▲ Rasierpinsel mit Naturhaar.

▲ Verpackung einer Gillette-Rasierklinge.

▲ Zahnstocher.

▲ Rasierklingenbehälter aus Stahl mit Gillette-Klingen.

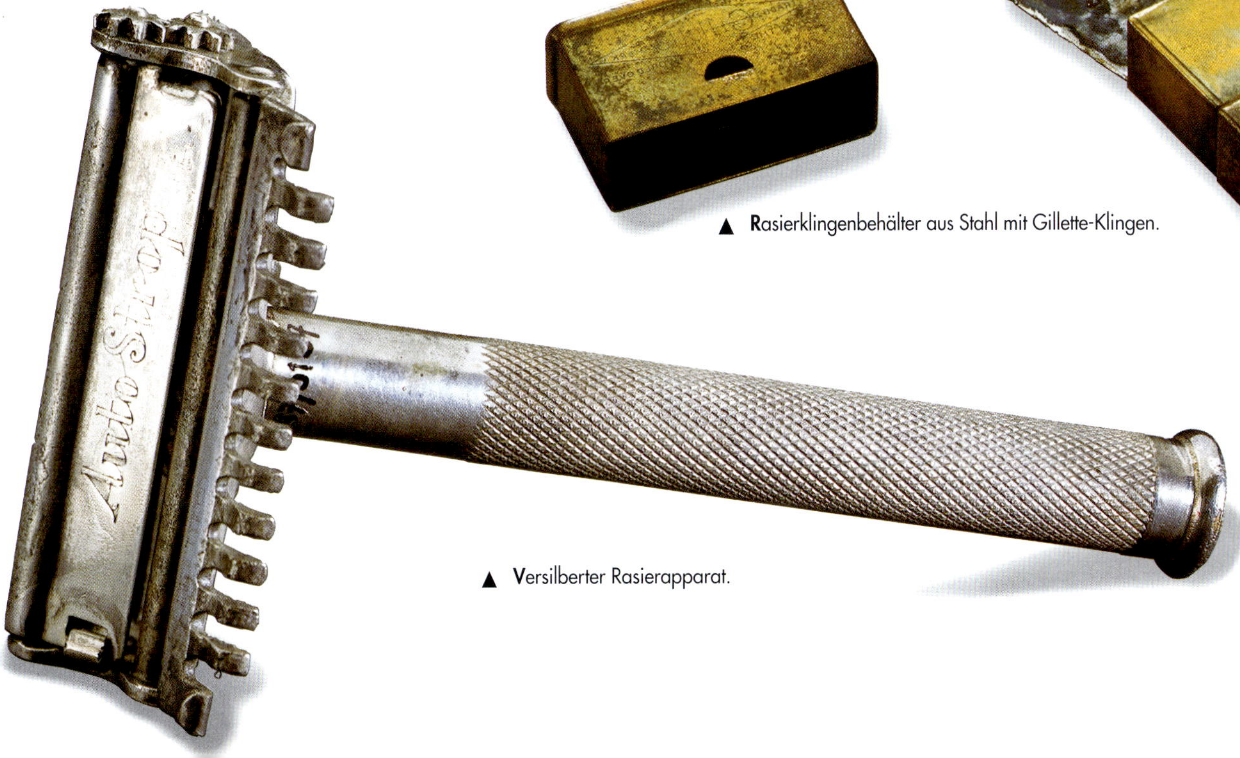

▲ Versilberter Rasierapparat.

TITANIC
TITANIC

EPILOG

Große Mengen Papier wurden in bemerkenswert gutem Zustand aus dem Trümmerfeld geborgen. Viele Stücke befanden sich in Ledertaschen, was sie vor dem Zerfall bewahrte. Mit Hilfe moderner Verfahren kann die Lesbarkeit der Schrift wiederhergestellt werden.

BIS HEUTE FASZINIERT DIE *TITANIC* die Menschen in aller Welt wie kein anderes Schiff. Klammert man politische Ereignisse, wie z.B. Kriege, Terroranschläge oder Attentate einmal aus, dann hat es wohl bisher kaum ein anderes Geschehnis gegeben, dem die Öffentlichkeit fast ein Jahrhundert lang ein solches Interesse entgegengebracht hat, wie dem Untergang der *Titanic*. Doch mit den Jahren wächst die Gefahr, daß sich Fakten und Fiktionen immer stärker vermischen. Dieses Buch ist nur ein Mosaikstein in den Bemühungen von RMS Titanic Inc., die Geschichte der *Titanic* so, wie sie sich wirklich zugetragen hat, auch an nachfolgende Generationen weiterzugeben und im Bewußtsein der Öffentlichkeit zu bewahren. Die Bedeutung unserer Mission erschöpft sich aber keineswegs nur darin, als Chronisten von Fakten und Ereignissen zu wirken. Wer dieses Buch liest, wird ganz sicher berührt sein von den Erfahrungen der aus allen gesellschaftlichen Schichten stammenden Menschen, die sich an der Pracht der *Titanic* erfreuten und dann den Alptraum auf den dunklen Fluten des Nordatlantik erleben mußten.

Dieses Buch ist dem Andenken all jener Passagiere und Besatzungsmitglieder gewidmet, die bei der Katastrophe umkamen. Sie leben nicht nur in der Erinnerung weiter, sondern auch in den Gegenständen, die aus dem Wrack geborgen wurden und von denen viele in diesem Buch abgebildet sind. Die Ausstellungen, mit denen diese Objekte der Öffentlichkeit zugänglich

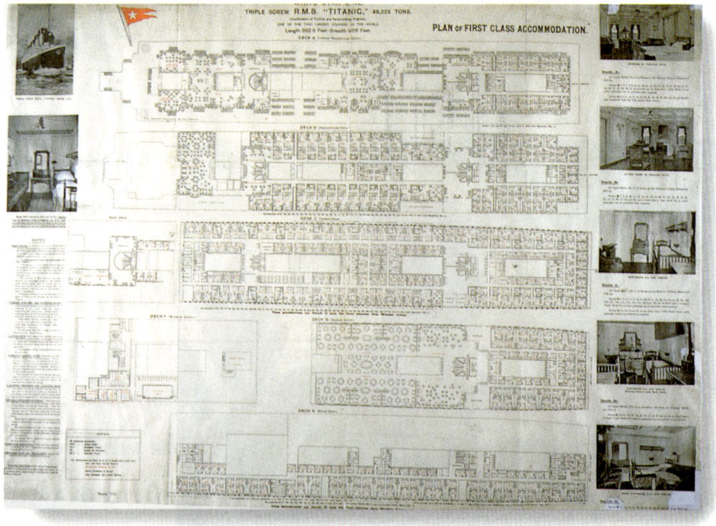

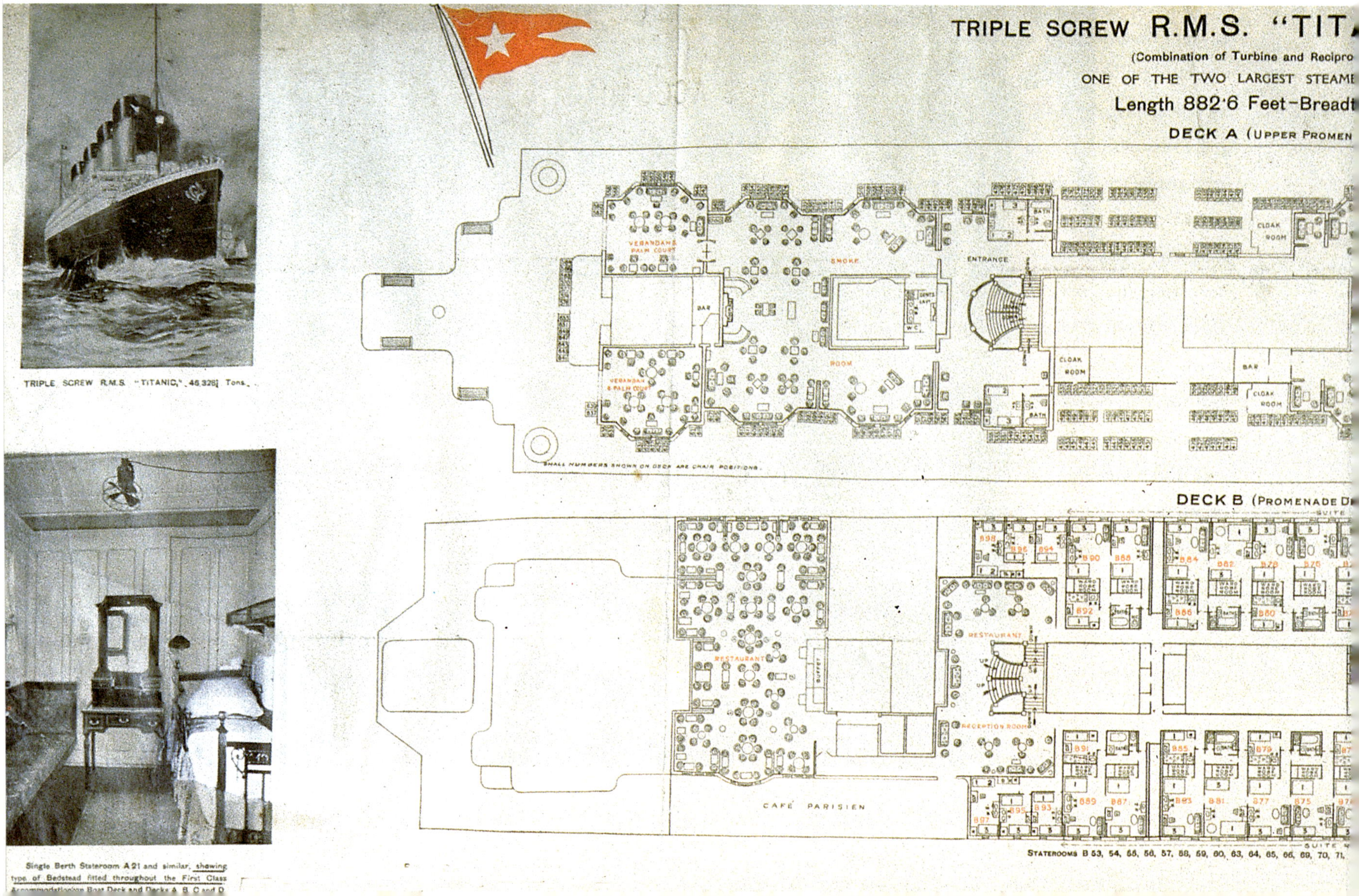
TRIPLE SCREW R.M.S. "TITA
(Combination of Turbine and Recipro
ONE OF THE TWO LARGEST STEAME
Length 882·6 Feet-Breadt
DECK A (UPPER PROMEN
VERANDAH & PALM COURT
SMOKE
ROOM
ENTRANCE
BAR
BATH
CLOAK ROOM
SMALL NUMBERS SHOWN ON DECK ARE CHAIR POSITIONS.
DECK B (PROMENADE D
RESTAURANT
BUFFET
RECEPTION ROOM
CAFÉ PARISIEN
STATEROOMS B 53, 54, 55, 56, 57, 58, 59, 60, 63, 64, 65, 66, 69, 70, 71,
TRIPLE SCREW R.M.S. "TITANIC," 46,328 Tons.
Single Berth Stateroom A 21 and similar, showing type of Bedstead fitted throughout the First Class Accommodation on Boat Deck and Decks A, B, C and D

Dieser Deckplan, einer von nur zweien, die heute noch existieren, wurde nur elf Tage vor der Jungfernfahrt gedruckt. Auf dem von der White Star Line herausgegebenen Plan sind auch in letzter Minute vorgenommene Änderungen an der *Titanic* sowie der Standort jedes einzelnen Deckstuhls verzeichnet. Der Plan ist ca. 120 x 90 cm groß. In seiner Gesamtheit ist er links, unten und auf den folgenden Seiten abgebildet. (Abdruck mit Genehmigung des Besitzers Stanley Lehrer.)

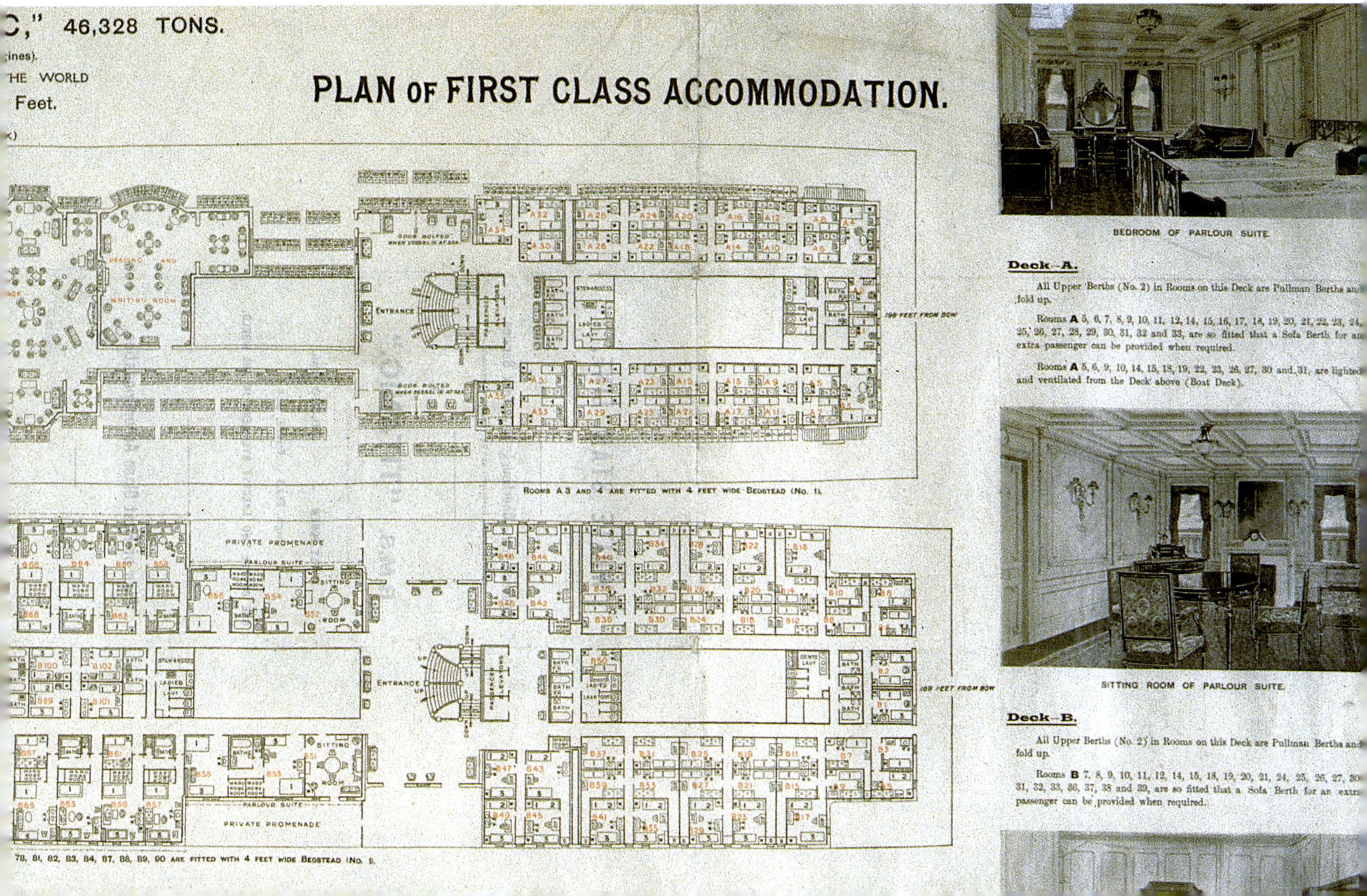

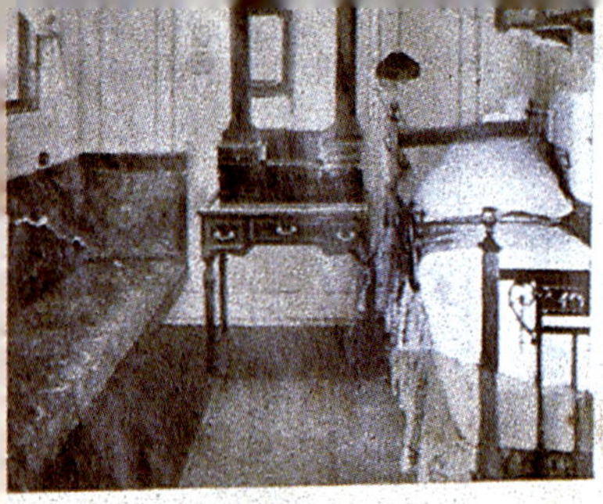

Single Berth Stateroom A 21 and similar, shewing type of Bedstead fitted throughout the First Class Accommodation on Boat Deck and Decks A, B, C and D, and Rooms E 1 to E 42, and E 200 to E 203 on Deck E.

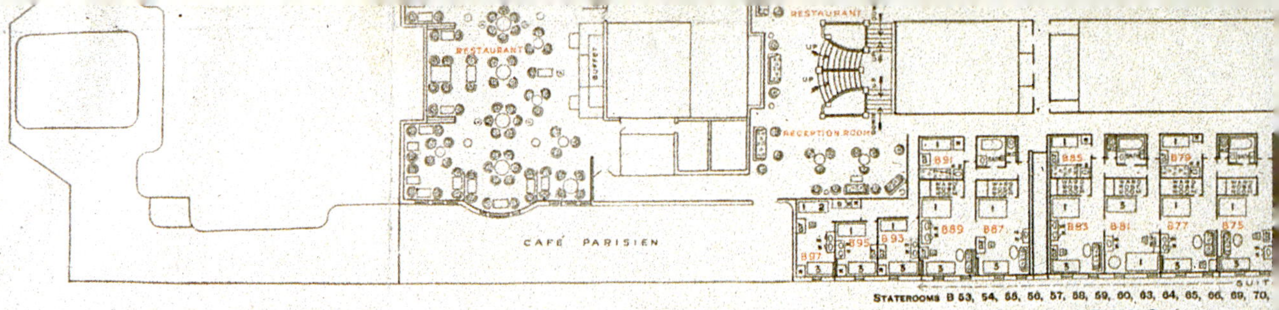

STATEROOMS B 53, 54, 55, 56, 57, 58, 59, 60, 63, 64, 65, 66, 69, 70,

BOAT DECK.

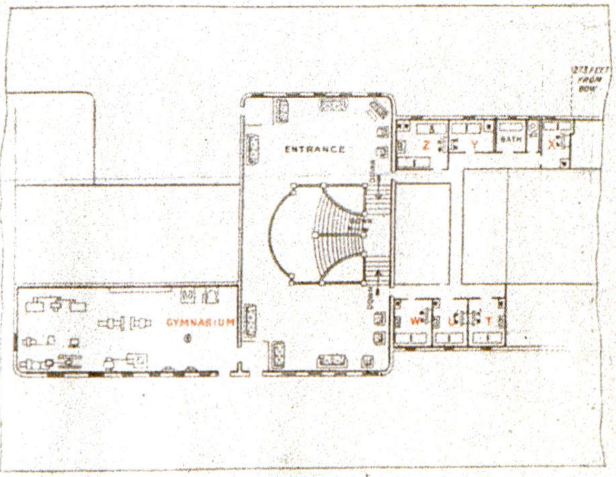

DECK C (UPPER DECK

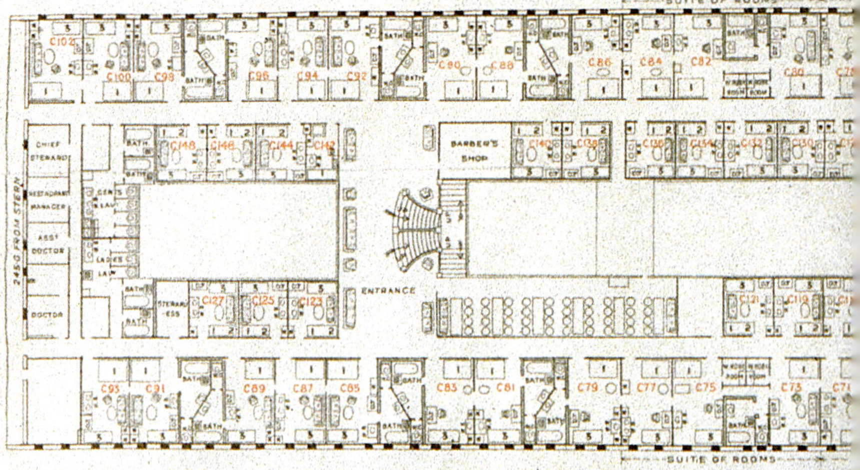

STATEROOMS C 57, 59, 61, 63, 64, 65, 66, 67, 68, 69, 70, 71, 72, 73, 74, 75, 76, 77, 78, 79, 80, 81, 82, 83, 84, 85, 86, 87, 88

The portholes on Deck C are

NOTES.

RESTAURANT.—In addition to the Regular Dining Saloon there is a large modern à la carte Restaurant, on Deck B, where meals may be obtained at any time between 8 a.m. and 11 p.m. at fixed charges, as shown on the bill of fare issued from day to day.

THE RESTAURANT IS UNDER THE MANAGEMENT OF THE COMPANY.

If the passage is taken entirely without meals in the regular Dining Saloon, an allowance of £3 per adult will be made off the ocean rate, excepting that on rates of £35 per adult and upwards the allowance will be £5 per adult.

This reduction in fare, however, can only be granted when passengers announce their intention to book without meals, and of making use of the Restaurant, at the time of purchasing their ticket, and no rebate or reduction can be ensured under any other circumstances.

Passengers wishing to use the Restaurant should apply on board to the Manager for the reservation of seats.

TURKISH, ELECTRIC AND SWIMMING BATHS. A fully-equipped Turkish Bath is situated on Deck F, consisting of the usual steam, hot, temperate, shampooing, and cooling rooms. Electric Baths and a Swimming Bath are also provided in conjunction with same, and experienced attendants will be in charge.

These Baths will be available for Ladies from 10 a.m. to 1 p.m., and for Gentlemen from 2 to 6 p.m., tickets being obtainable at the Enquiry Office at a charge of 4/- (or $1) each.

The Swimming Bath will be open for Gentlemen, from 6 to 9 a.m., free of charge.

A GYMNASIUM, fully supplied with modern appliances, is situated on the Boat Deck, and is open for exercise, by Ladies and Gentlemen during the same hours as the Baths, no charge being made for the use of the appliances.

The Gymnasium will be available for Children from 1 to 3 p.m. only.

A SQUASH RACQUET COURT is provided on Deck F, and is in charge of a professional player. Tickets for the use of the Court may be obtained at the Enquiry Office at 2/- (or 50 cents) per half hour, to include the services of the Professional if required. Balls may be purchased from the Professional, who is also authorised to sell and hire racquets.

The Court may be reserved in advance by application to the Professional in charge, and may not be occupied for longer than one hour at a time by the same players if others are waiting.

A CLOTHES PRESSING AND CLEANING ROOM is in charge of an expert attendant, who will carry out any work of this kind for Ladies or Gentlemen, in accordance with a fixed printed tariff of charges which can be had on application to the Bedroom Steward.

LOUNGE AND RECEPTION ROOMS.—These rooms are situated on Deck A and at the entrance to the Main Dining Saloon on Deck D respectively. They are intended for the use of both Ladies and Gentlemen, and afternoon tea and after-dinner coffee will be served, while liqueurs, cigars and cigarettes may be purchased there.

Books may be obtained from the Bookcase in the Lounge on Deck A on application to the Steward in charge.

By special arrangement with "The Times" Book Club, a supply of recent works is placed on board each voyage, as a supplement to the permanent collection of standard works.

The Lounge will be closed at 11-30 p.m. and the Reception Room at 12 p.m.

PASSENGER ELEVATORS.—There are three elevators provided for the use of Passengers, running between Decks A, B, C, D and E.

VERANDAH CAFÉ AND PALM COURT situated on Deck A, where light refreshments are served.

ELECTRIC HEATERS (under control of passenger) are fitted in all Staterooms on Boat Deck and Decks A, B, C and D, and in Staterooms E 1 to E 64, and E 200 to E 203 on Deck E.

DECK F (MIDDLE DECK)

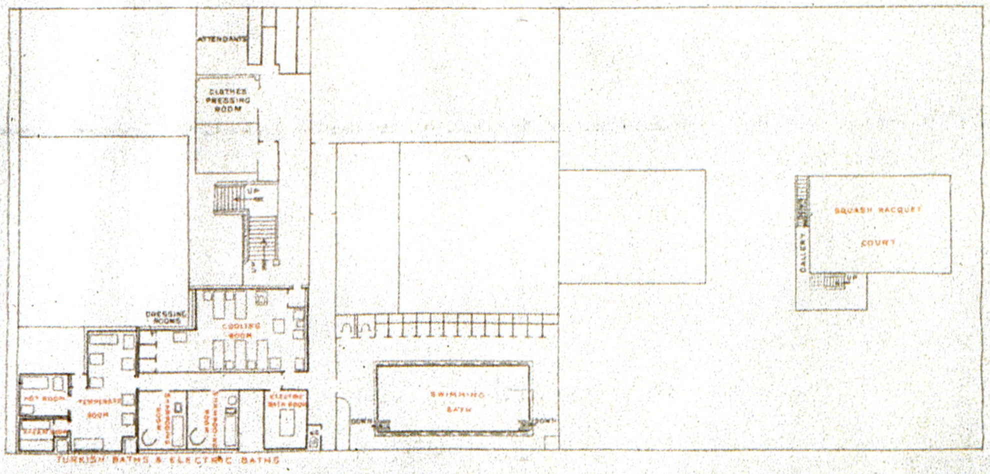

DECK D (SA

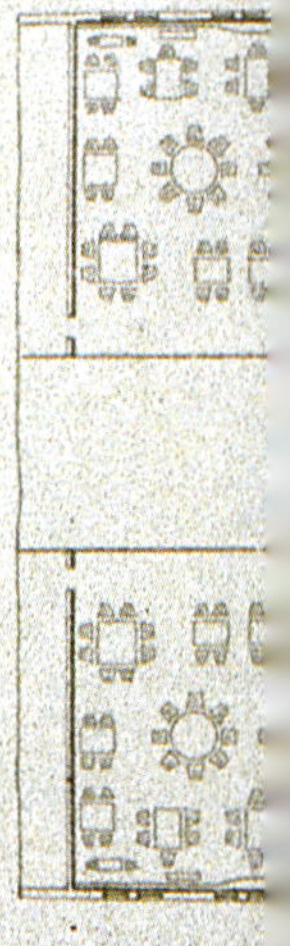

DECK E (MAIN DEC

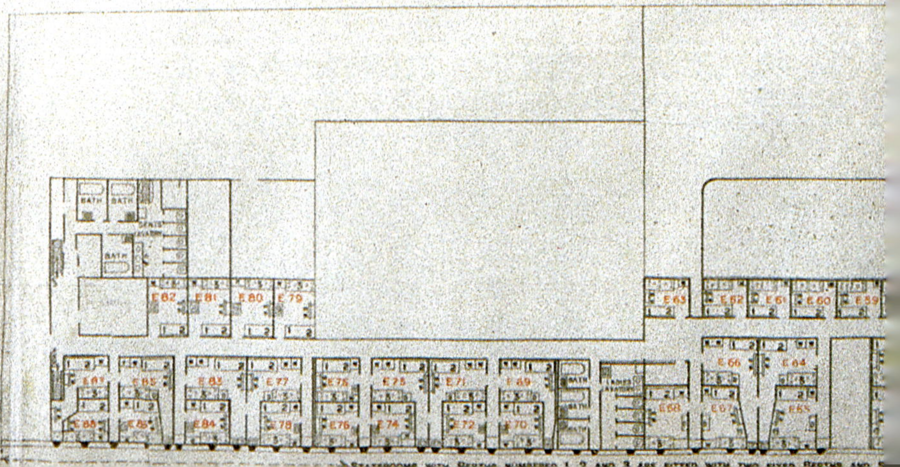

INDEX.

W.—INDICATES WARDROBE.
W.B.— " WASH BASIN.
D.T.— " DRESSING TABLE.
D.— " CHEST OF DRAWERS.
W.T.— " WRITING TABLE.

ALL STATEROOMS ON BOAT A, B, C, D DECKS ARE FITTED WITH HOT AND COLD WATER SUPPLY.

STATEROOM NUMBERS IN RED.

BERTH NUMBERS IN BLACK.

ODD NUMBERS ARE LOWER BERTHS.

MARCH, 1912.

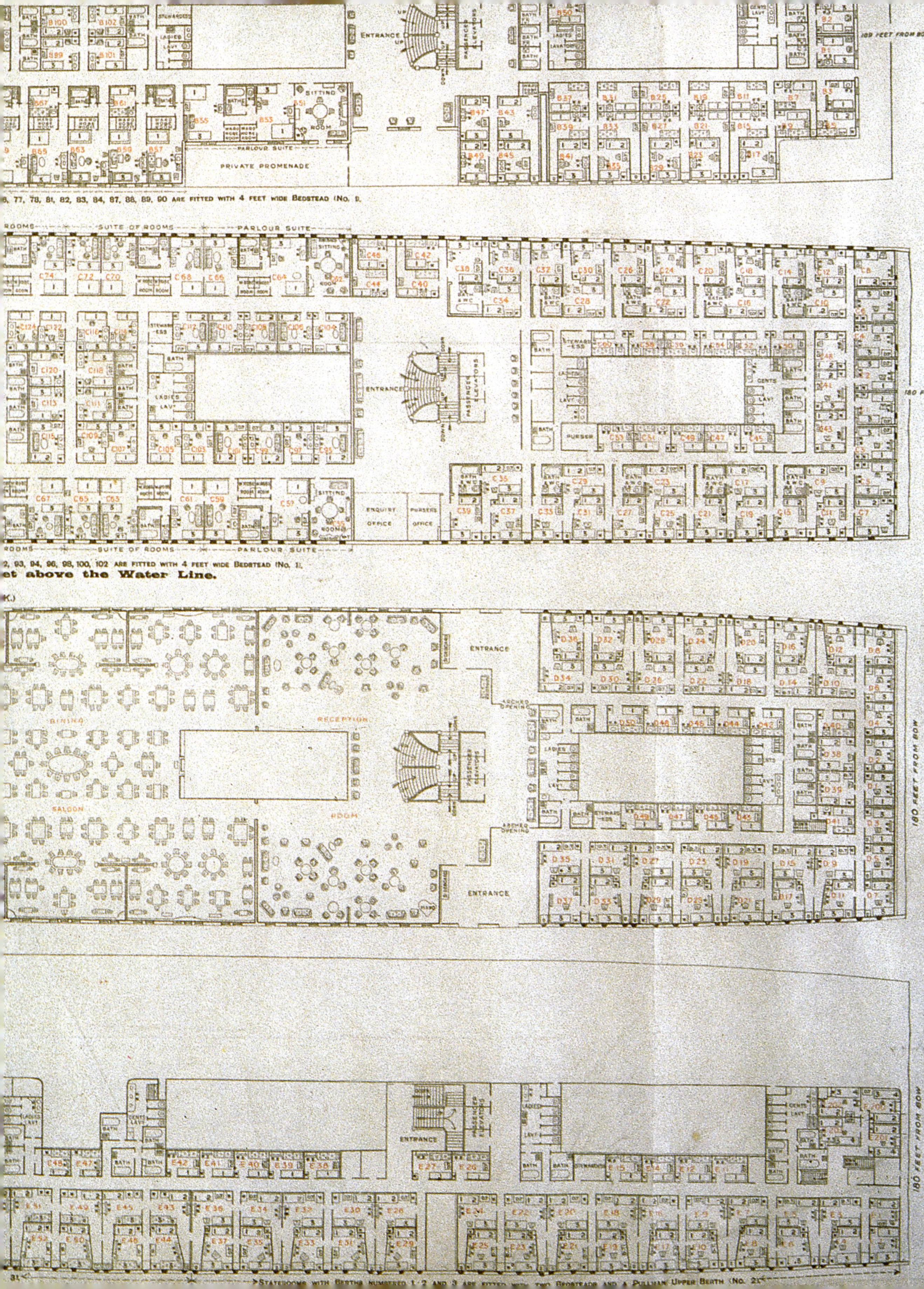

SITTING ROOM OF PARLOUR SUITE.

Deck–B.

All Upper Berths (No. 2) in Rooms on this Deck are Pullman Berth[s] fold up.

Rooms **B** 7, 8, 9, 10, 11, 12, 14, 15, 18, 19, 20, 21, 24, 25, 26, 2[7] 31, 32, 33, 36, 37, 38 and 39, are so fitted that a Sofa Berth for an [e]… passenger can be provided when required.

STATEROOM B 21 AND SIMILAR.

Deck–C.

All Upper Ber[ths] (No. 2) in Rooms on this Deck are Pullman Be[rths] … fold up.

Rooms **C** 1, 2, 3, 4, 5, 6, 45, 47, 49, 50, 51, 52, 53, 54, 56, 58, 60, … 105, 107, 109, 111, 114, 116, 118, 122 and 124 are so fitted that a … Upper Berth for an extra passenger can be provided when required.

Rooms **C** 40, 42, 44 and 46 are so fitted that a Sofa Berth for a… passenger can be provided when required.

STATEROOM C 9 AND SIMILAR.
Showing Pullman Upper Berth closed.

Deck–D.

All Upper Berths (No. 2) in Rooms on this Deck are Pullma[n] … and fold up.

Rooms **D** 40, 41, 42, 43, 44, 45, 46, 47, 48, 49 and 50 are so fit[ted] … Pullman Upper Berth for a second passenger can be provided when re[quired].

INSIDE STATEROOM C 117 AND SIMILAR.

Deck–E.

Rooms **E** 11, 12, 14, 15, 26, 27, 28, 29, 40, 41 and 42 …

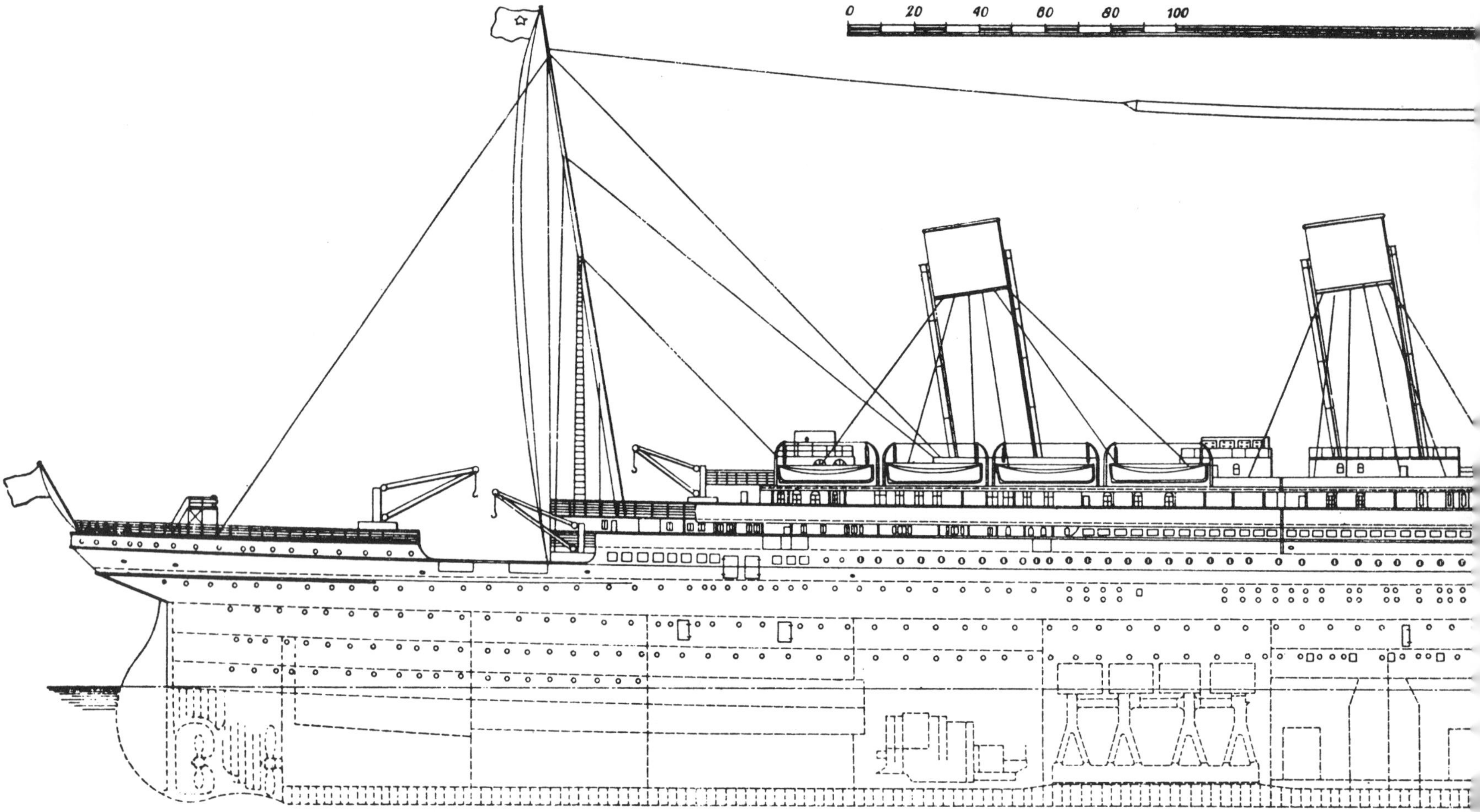

PROMENADE DECK (A)

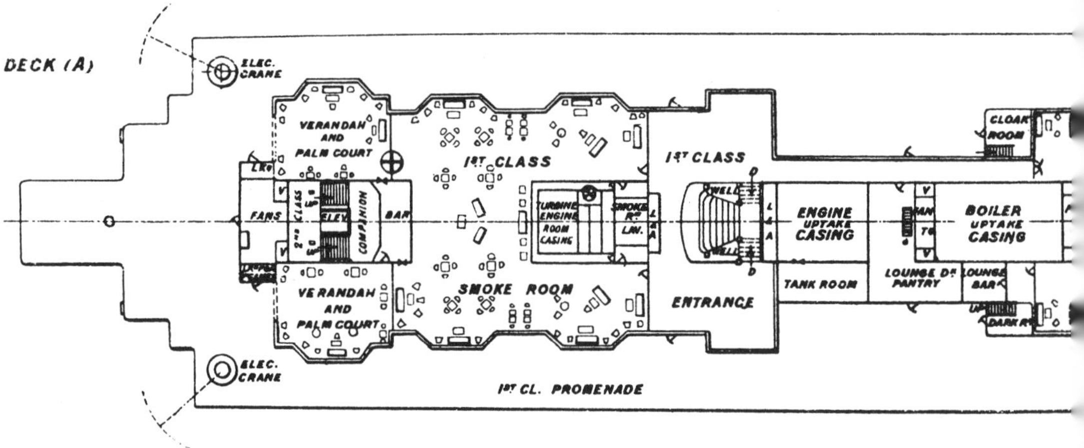

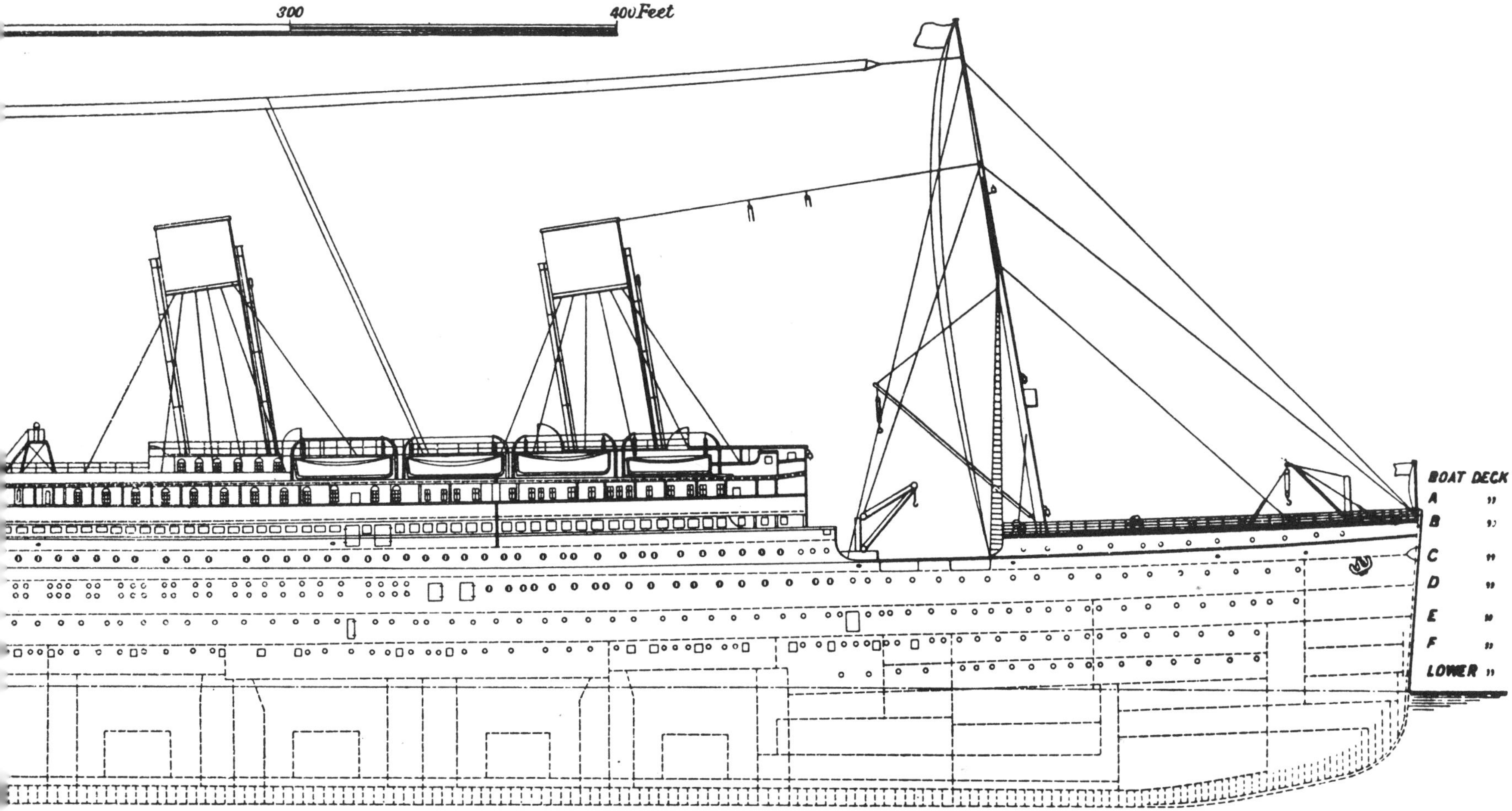
300
400 Feet
BOAT DECK
A "
B "
C "
D "
E "
F "
LOWER "

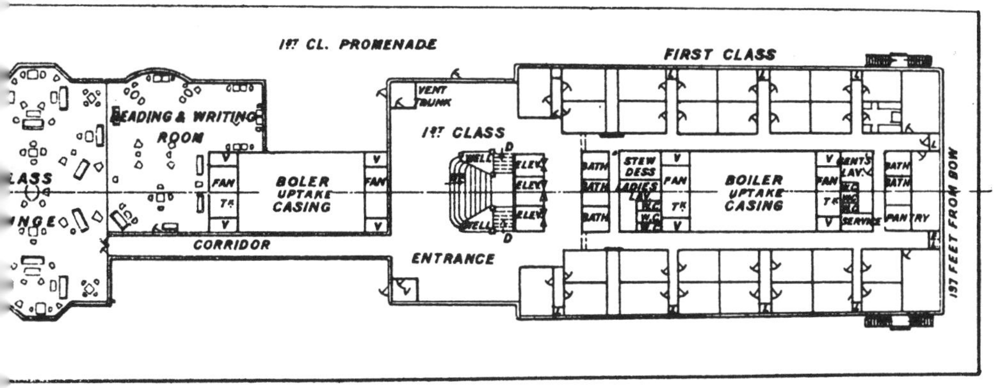
1ST CL. PROMENADE
FIRST CLASS
READING & WRITING ROOM
VENT TRUNK
1ST CLASS
BOILER UPTAKE CASING
BOILER UPTAKE CASING
FAN
ELEV
BATH
STEW DESS
LADIES LAV
GENTS LAV.
SERVICE
PANTRY
CORRIDOR
ENTRANCE
197 FEET FROM BOW

SHELTER DECK. (C)

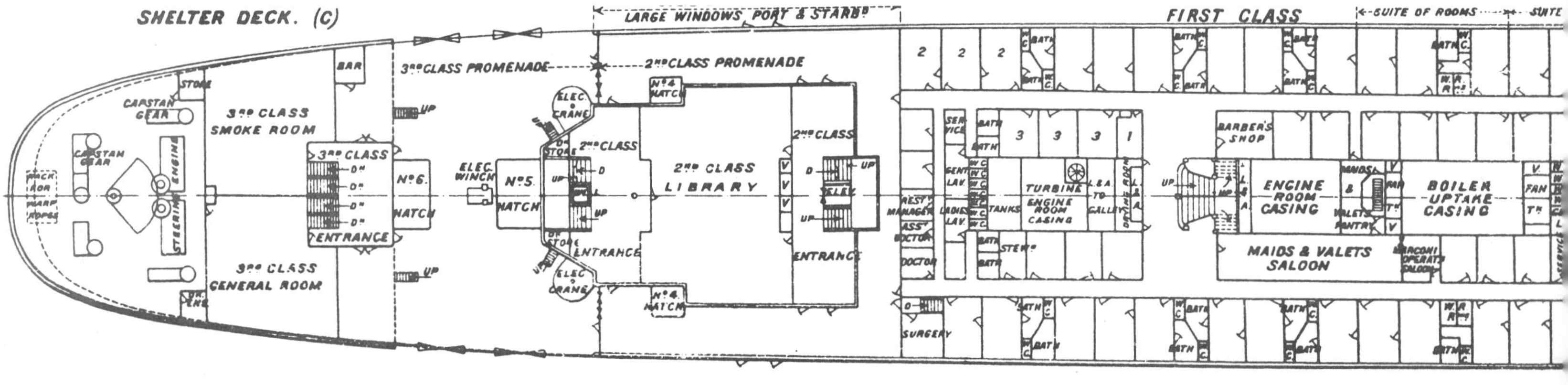

SALOON DECK (D)

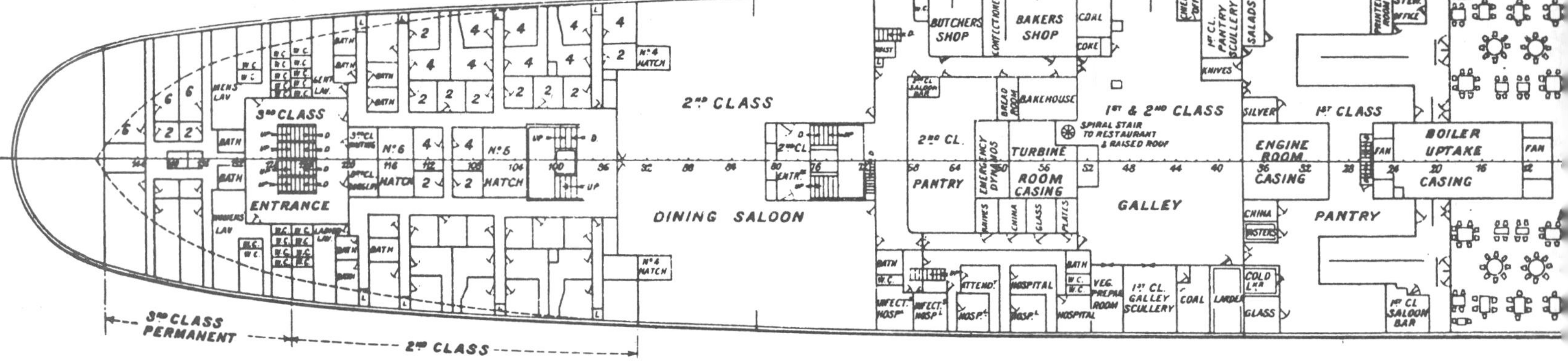

SALOON DECK (D)

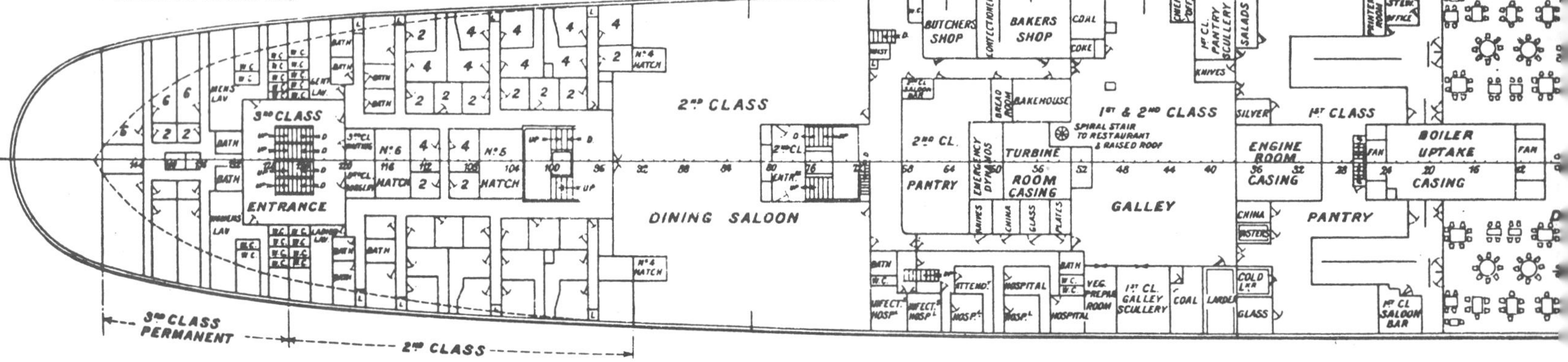

UPPER DECK (E)

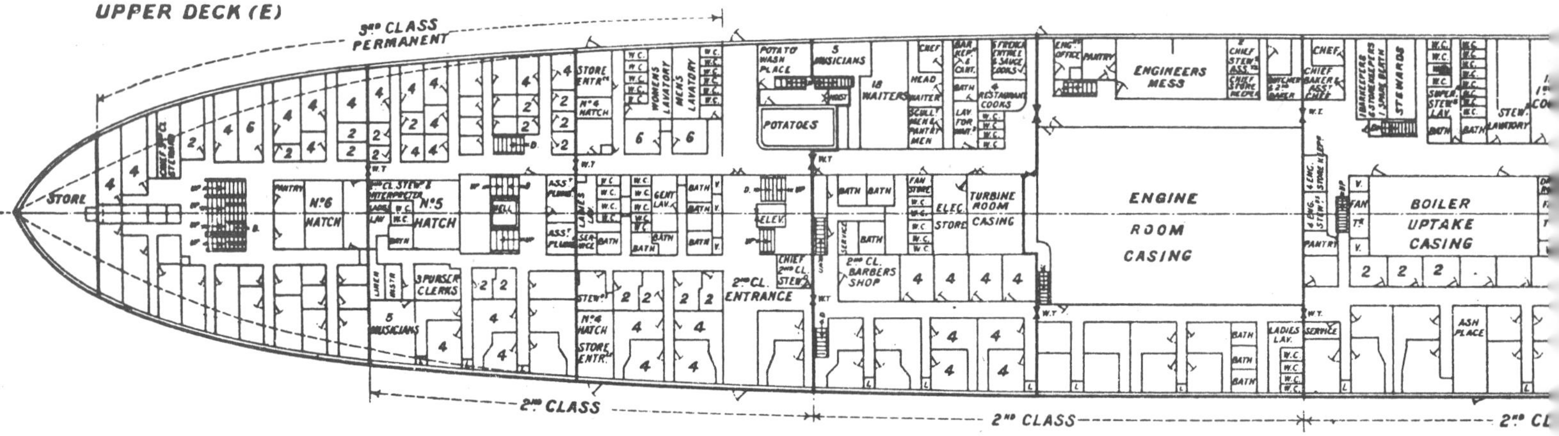

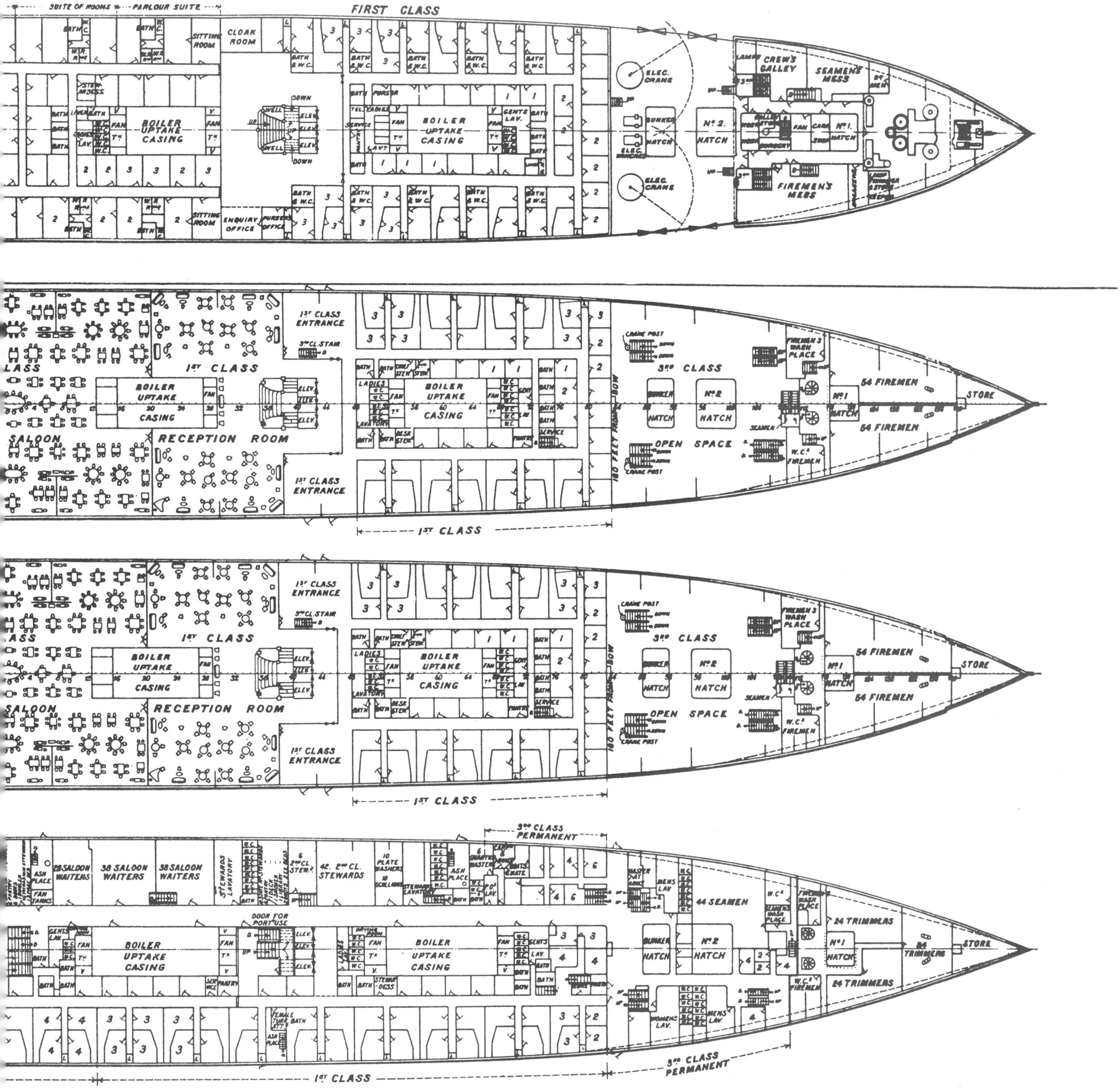
SUITE OF ROOMS
PARLOUR SUITE
FIRST CLASS
CLOAK ROOM
SITTING ROOM
BOILER UPTAKE CASING
ELEC. CRANE
BUNKER HATCH
No 2. HATCH
CREW'S GALLEY
SEAMEN'S MESS
FIREMEN'S MESS
ENQUIRY OFFICE
PURSER'S OFFICE
1ST CLASS ENTRANCE
3RD CL. STAIR
1ST CLASS
RECEPTION ROOM
SALOON
3RD CLASS
OPEN SPACE
180 FEET FROM BOW
54 FIREMEN
STORE
FIREMEN'S WASH PLACE
W.C.S FIREMEN
CRANE POST
3RD CLASS PERMANENT
28 SALOON WAITERS
38 SALOON WAITERS
38 SALOON WAITERS
42. 2ND CL. STEWARDS
44 SEAMEN
24 TRIMMERS
MENS LAV.
WOMENS LAV.
DOOR FOR PORT USE

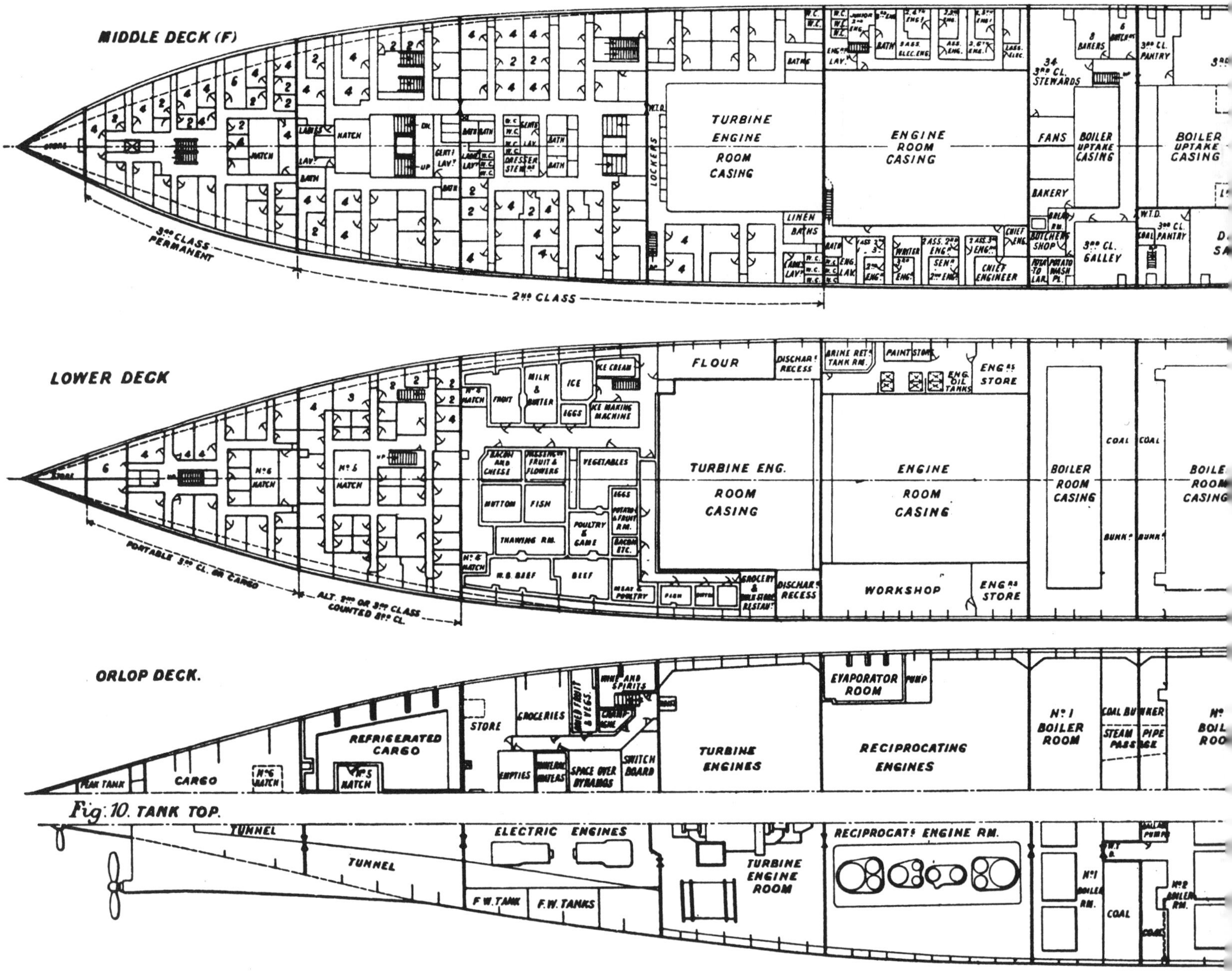
MIDDLE DECK (F)
3RD CLASS PERMANENT
2ND CLASS
TURBINE ENGINE ROOM CASING
ENGINE ROOM CASING
FANS
BOILER UPTAKE CASING
BAKERY
3RD CL. GALLEY
3RD CL. PANTRY
3RD CL. STEWARDS
BUTCHERS SHOP
CHIEF ENGINEER
LINEN
BATHS
LOCKERS
HATCH
LOWER DECK
PORTABLE 3RD CL. OR CARGO
ALT. 2ND OR 3RD CLASS COUNTED 3RD CL.
FLOUR
DISCHARGE RECESS
ENG. OIL TANKS
ENG'RS STORE
FRUIT
MILK & BUTTER
ICE
ICE CREAM
ICE MAKING MACHINE
EGGS
BACON AND CHEESE
DRESSED FRUIT & FLOWERS
VEGETABLES
MUTTON
FISH
THAWING RM.
POULTRY & GAME
BEEF
TURBINE ENG. ROOM CASING
ENGINE ROOM CASING
WORKSHOP
BOILER ROOM CASING
COAL
BUNKER
ORLOP DECK.
PEAK TANK
CARGO
Nº 6 HATCH
REFRIGERATED CARGO
Nº 5 HATCH
STORE
GROCERIES
WINE AND SPIRITS
EMPTIES
SPACE OVER DYNAMOS
SWITCH BOARD
TURBINE ENGINES
EVAPORATOR ROOM
PUMP
RECIPROCATING ENGINES
Nº 1 BOILER ROOM
COAL BUNKER
STEAM PIPE PASSAGE
TANK TOP.
TUNNEL
ELECTRIC ENGINES
F.W. TANK
F.W. TANKS
TURBINE ENGINE ROOM
RECIPROCAT'G ENGINE RM.
Nº 1 BOILER RM.
COAL
Nº 2 BOILER RM.
Fig: 10.

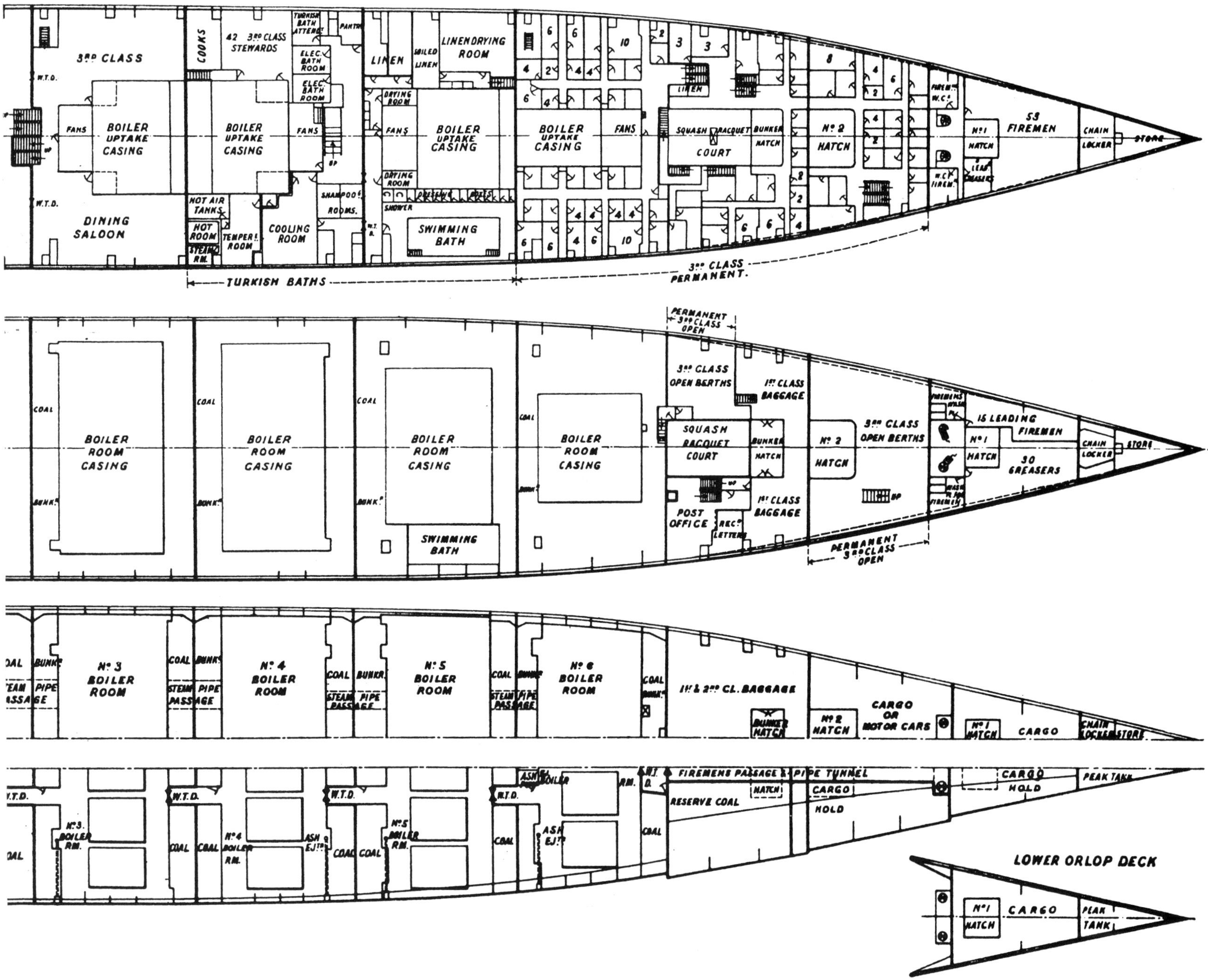
3RD CLASS
DINING SALOON
BOILER UPTAKE CASING
COOKS
42 3RD CLASS STEWARDS
TURKISH BATH ATTEND.
ELEC. BATH ROOM
LINEN
SOILED LINEN
LINEN DRYING ROOM
DRYING ROOM
SHAMPOO'G ROOMS
HOT AIR TANKS
HOT ROOM
TEMPER'E ROOM
COOLING ROOM
STEAM RM.
SHOWER
SWIMMING BATH
FANS
SQUASH RACQUET COURT
BUNKER HATCH
No 2 HATCH
No 1 HATCH
53 FIREMEN
CHAIN LOCKER
STORE
TURKISH BATHS
3RD CLASS PERMANENT.
BOILER ROOM CASING
COAL
PERMANENT 3RD CLASS OPEN
3RD CLASS OPEN BERTHS
1ST CLASS BAGGAGE
POST OFFICE
16 LEADING FIREMEN
30 GREASERS
No 3 BOILER ROOM
No 4 BOILER ROOM
No 5 BOILER ROOM
No 6 BOILER ROOM
STEAM PIPE PASSAGE
1ST & 2ND CL. BAGGAGE
CARGO OR MOTOR CARS
CARGO
W.T.D.
FIREMENS PASSAGE & PIPE TUNNEL
RESERVE COAL
CARGO HOLD
PEAK TANK
LOWER ORLOP DECK

STICHWORTVERZEICHNIS

WALTER H. • NICHOLSON, ARTHUR ERNEST • NICOLA (YARRED), JAMILA • NICOLA (YARRED), ELIAS • NIEMINEN, MANTA JOSEFINA • NIKLASSON, SAMUEL • NILSSON, AUGUST FERDINAND • NILSSON, HELMINA JOSEFINA • NILSSON, MERTA OLIVIA • NISKANEN, JOHAN • NOON, JOHN • NORMAN, ROBERT DOUGLAS • NOSS, B. • NOSS, HENRY • NOSWORTHY, RICHARD CATER • NOVEL, MANSOUR • NUTBEAN, WILLIAM • NYE, ELIZABETH RAMELL • NYSTEN, ANNA • NYSVEEN, JOHANNES H. • ODAHL, NILS MARTIN • OHMAN, VELIN • OLIVA Y OCANA, FERMINA • OLIVE, CHARLES • OLIVE, ERNEST R. • OLIVER, H. • OLLIVER, ALFRED • OLSEN, ARTHUR • OLSEN, CARL • OLSEN, HENRY MARGIDO • OLSEN, OLE M. • OLSSON, ELIDA • OLSSON, NILS JOHAN • OLSSON, OSCAR JOHANSSON • OLSVIGEN, THOR ANDERSEN • ORESKOVIC, JEKO • ORESKOVIC, LUKA • ORESKOVIC, MARIA • OROVELLO, LOUIS • ORPET, W. H. • ORR, J. • OSBOURNE, W. • OSEN, OLOF ELON • OSMAN, FRANK • OSMAN, MARIA • OSTBY, ENGELHART CORNELIUS • OSTBY, HELEN RAGHNILD • OTHEN, CHARLES • OTTER, RICHARD • OVIES Y RODRIGUEZ, SERVANDO • OWEN, L. • OXENHAM, PERCY THOMAS • O'BRIEN, DENIS • O'BRIEN, HANNAH GODFREY • O'BRIEN, THOMAS • O'CONNELL, PATRICK D. • O'CONNOR, JOHN • O'CONNOR, MAURICE • O'CONNOR, PATRICK • O'CONNOR, THOMAS • O'DWYER, NELLIE • O'KEEFE, PATRICK • O'LEARY, NORAH • O'LOUGHLIN DR. WILLIAM FRANCIS NORMAN • O'NEILL, BRIDGET • O'SULLIVAN, BRIDGET • PACEY, R. J. • PACHERAT, JEAN • PADRO Y MANENT, JULIAN • PAICE, RICHARD • PAIN, DR. ALFRED • PAINTER, CHARLES • PAINTER, FRANK • PAINTIN, JAMES ARTHUR • PALLAS Y CASTILLO, EMILIO • PALLES, T. • PANULA, ERNESTI ARVID • PANULA, JAAKKO ARNOLD • PANULA, JUHA NIILO • PANULA, MARIA EMILIA • PANULA, WILLIAM • PARKER, CLIFFORD RICHARD • PARKER, T. • PARKES, FRANK • PARR, WILLIAM HENRY MARSH • PARRISH, LUTIE DAVIS • PARSONS, EDWARD • PARSONS, FRANK ALFRED • PARSONS, R. • PARTNER, AUSTIN • PASCOE, C. H. • PASIC, JAKOB • PATCHETT, GEORGE • PAULNER, USCHER • PAULSSON, ALMA CORNELIA BERGLUND • PAULSSON, GOSTA LEONARD • PAULSSON, PAUL FOLKE • PAULSSON, STINA VIOLA • PAULSSON, TORBORG DANIRA • PAVLOVIC, STEFO • PAYNE, VIVIAN ARTHUR PONSONBY • PEACOCK, ALFRED EDWARD • PEACOCK, EDITH TREASTEALL NILE • PEACOCK, TREASTEALL • PEARCE, A. • PEARCE, ERNEST • PEARCE, J. • PEARCEY, ALBERT VICTOR • PEARS, EDITH WEARNE • PEARS, THOMAS • PECRUIC, MATE • PECRUIC, TOME • PEDERSEN, OLAF • PEDRINI, ALBERTO • PEDUZZI, JOSEPH • PEKONIEMI, EDVARD • PELHAM, GEORGE • PELTOMAKI, NIKOLAI JOHANNES • PENASCO, JOSEFA PEREZ DESOTO • PENASCO, VICTOR DE SATODE • PENGELLY, FREDERICK WILLIAM • PENNAL, FREDERICK • PENNY, WILLIAM C. • PENROSE, JOHN P. • PERKIN, JOHN HENRY • PERKINS, L. • PERKIS, WALTER JOHN • PERNOT, RENE • PEROTTI, ALFONSO • PERRACCHIO, ALBERT • PERRACCHIO, SEBASTINE • PERREAULT, ANNE • PERRIN, W. • PERRITON, H. • PERRY, E. • PERSSON, ERNST ULRIK • PERUSCHITZ, REV. JOSEPH M. • PETER (JOSEPH), MARY • PETER (JOSEPH), MICHAEL • PETER (JOSEPH), CATHERINE • PETERS, KATIE • PETERS, W. C. • PETERSEN, MARIUS • PETRANEC, MATILDA • PETROFF, NEDECA • PETROFF, PENTCHO • PETTERSSON, ELLEN NATALIA • PETTERSSON, JOHAN EMIL • PETTY, EDWIN HENRY • PEUCHEN, MAJOR ARTHUR GODFREY • PHILLIMORE, HAROLD • PHILLIPS, ALICE CAROLINE • PHILLIPS, G. • PHILLIPS, J. • PHILLIPS, JOHN GEORGE (JACK) • PHILLIPS, ROBERT • PIATTI, LOUIS • PIAZZA, POMPEO • PICKARD, BERK (TREMBISKY) • PINSKY, ROSA • PITFIELD, WILLIAM JAMES • PITMAN, HERBERT JOHN • PLATT, W. • PLOTCHARSKY, VASIL • PODESTA, JOHN • POGGI, E. • POIGNDESTRE, JOHN • POIRAVANTI, BERTOLDI • POND, C. • PONESELL, MARTIN • POOK, R. • PORT, F. • PORTALUPPI, EMILIO • PORTER, WALTER CHAMBERLAIN • POTTER, LILY ALEXENIA WILSON • PRANGNELL, GEORGE • PRENTICE, FRANK W. • PRESTON, THOMAS CHARLES ALFRED • PRICE, ERNEST • PRIDEAUX, J. W. • PRIEST, JOHN • PRIOR, H. J. • PRITCHARD, A. • PROCTOR, CHARLES • PROFFER, RICHARD • PROUDFOOT, R. • PRYCE, WILLIAM • PUGH, ALFRED • PUGH, PERCY • PULBAUM, FRANZ • PUSEY, ROBERT WILLIAM • PUZEY, JOHN E. • QUICK, JANE RICHARDS • QUICK, PHYLLIS MAY • QUICK, VERA WINNIFRED • RABID, RAZI • RADEFF, ALEXANDER • RANDALL, F. H. • RANGER, THOMAS G. • RANSOM, JAMES • RATTI, ENRICO • RAY, FREDERICK DENT • READ, J. • REED, CHARLES • REED, JAMES GEORGE • REED, ROBERT • REEVES, DAVID • REEVES, F. • REGHINI, SANTE • RENOUF, LILLIAN JEFFEREYS • RENOUF, PETER HENRY • REUCHLIN, JONKHEER JOHN GEORGE • REVELL, W. • REYNALDO, MRS. ENCARNACION • REYNOLDS, HAROLD J. • RHEIMS, GEORGE LUCIEN • RICADONE, RINALDO • RICE, ALBERT • RICE, ARTHUR • RICE, CHARLES • RICE, ERIC • RICE, EUGENE • RICE, GEORGE • RICE, JOHN REGINALD • RICE, MARGARET NORTON • RICE, P. • RICHARD, EMILE • RICHARDS, EMILY HOCKING • RICHARDS, JOSEPH • RICHARDS, WILLIAM ROWE • RICHARDS, SIBLEY GEORGE • RICKMAN, G. • RICKS, CYRIL G. • RIDOUT, W. • RIDSDALE, LUCY • RIGOZZI, ABELE • RIIHIIVUORI, SANNI • RINTAMAKI, MATTI • RIORDAN, HANNAH • RISIEN, EMMA • RISIEN, SAMUEL • ROBBINS, VICTOR • ROBERT, ELISABETH WALTON MCMILLAN • ROBERTS, FREDERICK • ROBERTS, GEORGE • ROBERTS, HUGH H. • ROBERTS, MARY K. • ROBERTSON, W. GEORGE • ROBINS, ALEXANDER A. • ROBINS, GRACE CHARITY LAWRY • ROBINSON, ANNIE • ROBINSON, JAMES WILLIAM • ROEBLING, WASHINGTON AUGUSTUS II • ROGERS, EDWARD JAMES WILLIAM • ROGERS, HARRY • ROGERS, M. • ROGERS, WILLIAM JOHN • ROMAINE, CHARLES HALLIS • ROMMETVEDT, KARL KRISTIAN KNUT • ROOD, HUGH R. • ROSBLOM, HELEN WILHELMINA • ROSBLOM, SALLI HELENA • ROSBLOM, VIKTOR RICKARD • ROSENBAUM (RUSSELL), EDITH LOUISE • ROSENSHINE, GEORGE • ROSS, H. • ROSS, JOHN HUGO • ROTH, SARAH • ROTHES, THE COUNTESS OF (NOEL LUCY MARTHA-DYER-EDWARDS) • ROTHSCHILD, ELIZABETH L. BARRETT • ROTHSCHILD, MARTIN • ROTTA, ANGELO • ROUS, ARTHUR J. • ROUSE, RICHARD HENRY • ROUSSEAU, P. • ROWE, ALFRED • ROWE, GEORGE THOMAS • ROWE, M. • RUDD, HENRY • RUGG, EMILY • RULE, SAMUEL JAMES • RUMMER, S. • RUSH, ALFRED GEORGE JOHN • RUSSELL, BOYSIE RICHARD • RYAN, EDWARD • RYAN, PATRICK • RYAN, T. • RYERSON, ARTHUR LARNED • RYERSON, EMILY BORIE • RYERSON, EMILY MARIA BORIE • RYERSON, JOHN (JACK) BORIE • RYERSON, SUSETTE PARKER • RYERSON, WILLIAM EDWY • SAAD, AMIN • SAALFELD, ADOLPH • SACCAGGI, GIOVANNI • SADLIER, MATTHEW • SADOWITZ, HARRY • SAETER, SIMON SIVERTSEN • SAGE, ADA • SAGE, ANNIE BULLEN • SAGE, CONSTANCE GLADYS • SAGE, DOROTHY EDITH (DOLLY) • SAGE, DOUGLAS BULLEN • SAGE, FREDERICK • SAGE, GEORGE JOHN • SAGE, JOHN GEORGE • SAGE, STELLA ANNA • SAGE, THOMAS HENRY • SAGE, WILLIAM HENRY • SAGESSER, EMMA • SALANDER, KARL JOHAN • SALKJELSVIK, ANNA KRISTINE • SALOMON, ABRAHAM L. • SALONEN, JOHAN WERNER • SALOSOLLIA, GIOVENEZ • SAMAAN, ELIAS • SAMAAN, HANNA • SAMAAN, YOUSSEF • SAMUEL, O. W. • SANDSTROM, AGNES CHARLOTTA BENGTSSON • SANDSTROM, BEATRICE IRENE • SANDSTROM, MISS MARGURITE RUT • SANGSTER, C. • SAP, JULES • SAUNDERCOCK, WILLIAM HENRY • SAUNDERS, D. E. • SAUNDERS, F. • SAUNDERS, W. • SAUNDERS, W. • SAVAGE, C. J. • SAWYER, FREDERICK CHARLES • SAWYER, ROBERT • SCANLON, JAMES • SCARRETT, JOSEPH • SCAVINO, C. • SCHABERT, EMMA MOCK • SCHEERLINCKX, JEAN • SCOTT, ARCHIBALD • SCOTT, FREDERICK • SCOTT, J. • SCOTT, SAMUEL JOSEPH* • SCOVELL, ROBERT • SDYCOFF, TODOR • SEDGWICK, CHARLES FREDERICK WADDINGTON • SEDUNARY, SIDNEY FRANCIS 2ND • SELF, ALFRED HENRY • SELF, E. • SEMAN, BETROS • SENIOR, HARRY • SEREPECA, AUGUSTA • SESIA, GINO • SEVIER, W. • SEWARD, FREDERIC KIMBER • SEWARD, WILFRED DEEBLE • SHARP, PERCIVAL JAMES • SHAUGHNESAY, PATRICK • SHAW, HARRY • SHEA, JOHN • SHEA, THOMAS • SHEATH, FREDERICK • SHEDID, DAHER • SHELLARD, FREDERICK BLAINEY • SHELLEY, IMANITA HALL • SHEPHERD, JONATHAN • SHILLABER, CHARLES • SHINE, ELLEN • SHIRES, ALFRED • SHORNEY, CHARLES JOSEPH • SHUTES, ELIZABETH W. • SIEBERT, SIDNEY CONRAD • SILVEN, LYYLI • SILVERTHORNE, SPENCER VICTOR • SILVEY, ALICE MUNGER • SILVEY, WILLIAM BAIRD • SIMMONDS, A. • SIMMONDS, F. C. • SIMMONDS, W.P • SIMMONS, JOHN • SIMONIUS-BLUMER,